在長大之前

紀錄片1819拍攝紀實

作者 陳毅

獻給

自由的台灣

勇敢的陳毅

還有我曾愛過、愛過我的每個人

目錄：

勇敢追夢，記錄青春

桃園市長　鄭文燦

臺灣學子在求學時期經歷各種大小考試，為了進入好的大學，畢業後有一份收入穩定工作，這是平凡不過的人生劇本，也是許多家長對孩子最簡單的期待。

陳毅十八歲開始勇敢追夢，透過文學和新詩，述說自我內心的故事。兩年多前拿起攝影機，用影像創作記錄年輕世代在高中求學與生活所面對的問題，展現學子準備成年前對社會的期待、想像、徬徨等各種情緒。

從文字到影像創作，唯一不變的是陳毅以自己身處的世代為出發點，觀察社會對年輕人期待、壓力，對社會議題關心，用自己的方式搭起社會與年輕世代兩方的對話平臺。這本書是陳毅拍攝紀錄片《1819》的紀實，不只是校園拍攝紀錄片的過程與觀察，也記錄年輕世代所關心的各種議題，希望讓大家認識、理解年輕人的想法，同時鼓勵年輕人保持對社會的好奇心，勇於挑戰夢想。

因為伊是恁吔咽作品

國巨洋傘欣業有限公司 董事長 李銘智

阮佮陳毅結緣時陣，看伊是一个恬靜無話無句吔少年家囡仔，毋閣講起天文地理社會政治變遷，尤其對教育議題伊有伊吔見解，尤其伊文學涵養誠深厚，進前嘛攏有佇獨立媒體、電子媒體發表一寡文章，寫過幾本仔冊。伊嘛捌為著袂出冊差淡薄仔經費，紲去報名參加桃園市政府文化局辦理「桃園城市紀錄片培訓」果然去予伊得獎（老前輩佇講：一兼二顧摸蜊仔兼洗褲，種蕃薯兼插芋「有獎金偌領　學著一把功夫」）伊佇十九歲時陣有悉一陣高中生，大學生就來成立「毅然文創媒體工作室」。

有一工伊來揣阮捾著「紀錄片《1819》提案」來佮阮參詳，想袂拍一支仔有關高中生佇校園學習過程紀錄片，佇商談過程阮感覺遮有關臺灣教育議題袂穤，阮就應伊贊助淡薄仔經費佮鼓勵（支持少年囡仔就是投資臺灣未來）。阮捌聽過南崁高中謝錦雲校長共阮講起；有一工陳毅走去校長室揣伊鬥喙鼓，校長誠親切款待人客就親手泡茶予陳毅，泡二三泡攏是（牛母因尪＝正港）用新茶米泡予啉，商談誠歡喜，到尾聲陳毅就共校長講：「校長恁有甲阮當作大人看待，因為校長恁無用刈稻仔茶。」（老前輩佇講：一粒田螺九碗湯，三粒田螺一醃缸），所以校長參陳毅就按呢結善緣，今仔日才有法度來完成這支紀錄片《1819》生湠。

佇拍遮咧紀錄片《1819》過程中，嘛發生著足濟其巧吔代誌，經費仔，紀錄片主角仔，學生仔，老師，因綴攝影機䀹截，導演陳毅嘛克服內心吔各樣，親像迎馬祖＝無奇不有（無旗不有）鹹酸苦澀涵涵滴滴攏公開（坐吔人毋知影徛吔人艱苦）。尤其經費不足遮段期間，拄好去拄著臺灣護國神山，台積電公司所主辦「台積電青年築夢計畫」補助提案，伊堅持著理念，愲力拍拚閣有智慧才予天公疼憨人過關，才有法度繼續行落去。尤其遮支紀錄片拍好仔，紲落噯鉸接才是大工夫，嘛著神嘛著人，一肢跤滾水袂濁，嘛噯相當人才佮錢財，錢財才是遮咧大學問，好佳哉製作團隊想著用網路募資平臺，毋閣手數料三除四扣紲賭無偌濟矣，到落尾手嘛得著桃園市市長鄭文燦、市議會議長邱奕勝、青年事務局局等單位，鬥相共佮一寡在地企業、社團、家長會逐家鬥相佝，相信遮支紀錄片《1819》誠得值逐家作伙鬥陣來闗賞。

《推薦序》2 華語版

因為它是你們的作品

國巨洋傘欣業有限公司 董事長 李銘智

我跟陳毅剛認識的時候，看他是一個恬靜的年輕小夥子，不過講起天文地理社會政治變遷，尤其對教育議題他都有他的見解，他的文學涵養很深厚，之前也有在獨立媒體、電子媒體發表一些文章、寫過幾本書。他為了出書缺少了一些經費，去報名參加桃園市政府文化局辦理「桃園城市紀錄片培訓」果然讓他得獎，在十九歲時就帶著一群高中生、大學生就來成立毅然文創媒體工作室（即後來毅然文創媒體工作室有限公司的前身）。

有一天他帶著紀錄片《1819》提案來找我商量，想要拍一支有關高中生在校園學習過程的紀錄片，商談過程中我感覺這個紀錄片有關臺灣教育議題很不錯，我就答應贊助他微薄的經費來給他鼓勵（支持年輕人就是投資臺灣的未來）。我也聽過南崁高中謝錦雲校長跟我說起，有一天陳毅到校長室跟他聊天，校長很親切款待客人，親手泡茶給陳毅喝，泡二三泡都是用新的茶葉泡給他，兩人聊得很開心，到了談話的最後陳毅跟校長說：「校長你有把我當作大人看待，因為校長你沒有用剩的茶泡給我喝。」後來校長跟陳毅就這樣結了善緣，今天陳毅才有辦法完成這支紀錄片《1819》。

拍攝這個紀錄片《1819》的過程中，也發生非常多特別的事情，經費上、紀錄片的男主角、其他的學生、老師，有時也會排斥拍攝，導演陳毅得克服內心的各種情緒，可以說無奇不有，這在本書中，拍攝的酸甜苦澀都公開給大家知道。經費不足的這段時間，剛好遇到臺灣護國神山——台積電公司主辦「台積電青年築夢計畫」補助提案，他堅持著理念，努力打拚又運用智慧，老天爺也疼惜他，讓他過關，才有辦法繼續拍攝下去。尤其這支紀錄片拍攝好，接下來的剪接才是大工夫，也要神也要人，要有好的人才也要有錢財，錢財才是大學問，慶幸製作團隊懂得使用網路募資平臺，不過拍片開銷大，一下子就剩沒多少，到後期也得到桃園市長鄭文燦、市議會議長邱奕勝、青年事務局等單位，還有一些在地企業、社團、家長會大家一起來相助，相信這支紀錄片《1819》，值得大家一起來觀賞。

心中有一個想要的自己，就知道該往哪裡去

桃園龍德宮美編組組長　吳俞鋐

「心中有一個想要的自己，就知道自己該往哪裡去。」這就是我對他欣賞的地方。與陳毅的認識是在桃園龍德宮擔任義工，起初與他並不熟識，而是透過其他學長姊來了解他，只知道他是位記者，會導戲、會拍攝、還會寫文章，甚至還有屬於自己的公司，而他卻只是一位八年級尾的大學生，光這一點，陳毅已經打趴一堆同年紀，甚至比他年紀大的人了。

接著，於桃園龍德宮 四媽祖南巡徒步遶境時，與陳毅一起擔任工作人員，才是和他第一次見到面，而因為不同組別關係，這時候的我們還是陌生的。在遶境前，由於陳毅的加入，透過他的人際關係與專業領域，實質的幫助到遶境活動宣傳的問題，更獲得宮裡許多學長姊的青睞與讚賞，不要看陳毅年紀輕輕的，在他擅長的領域裡，他可是會堅決自己的立場，這也讓我更加對他另眼相看。

想到二〇二〇那年的三月底，也是邊境活動圓滿後約半個月，第一次與陳毅私下的聚會，也就是書中提到他經歷的第三次生死關頭，「當朋友願意在你面前經歷了死亡與重生，這就是一輩子的朋友」，這的確是一輩子都忘卻不了的，而聚會前的我們才是認識彼此的開始。

「光強影深」，光愈強，影就愈深，這是我在陳毅身上所看見的。小小的年紀有著大大的勇氣，光鮮亮麗的背後，是要背負更大的壓力，最需要的是「毅」力，哈哈！真是人如其名啊！剛認識他的時候，他正在拍攝紀錄片《1819》，紀錄片的情感是真實的；紀錄片的真實是貼切的，或許生活中能遇到一樣對紀錄片有涉獵的同好真的不多，也因為如此，我們有更多的話題。然而愈是了解他後，愈是知道他肩上扛的是什麼，我想種種的社會、家庭、愛情等壓力，也是促使他長大的養分。

由《十八後，成為你想成為的大人》、紀錄片《1819》與本次的創作可以知道，「長大」是陳毅重視的人生課題，雖然「二十歲」可能是你即將面對到的，或是正在體會的，也或許與我一樣已經錯失過的，但「長大」是我們一輩子的課題，每個人生階段有不一樣的功課要去完成；有不一樣的障礙要去突破；更有不一樣的自己要去蛻變，度過了就是自己的了，願你我在陳毅的作品中，都能找到自己的那分初心。

最後，感謝陳毅這次邀請我撰寫推薦序，也感謝他勇敢嘗試這個題材，彌補一樣是影視人卻沒有勇氣去面對那個空洞的我，人生沒有重播、沒有倒轉，每次都是現場直播，唯有把握當下與記錄當下，才是讓自己不後悔的決定。一起加油！更希望未來能有機會一起合作，創作出許多有意義的作品。

壞孩子，好好長大

國立中央大學中文系　吳双

那時讀陳毅的上一本書《十八後，成為你想成為的大人》，看小王子曾問：「你真的會好好去上課嗎？」忍不住笑出來。的確，陳毅「好好上課」的時間還真少。「双姊，點名了嗎？」、「双姊，我晚點到，幫我講一下。」、「那我今天就不去了喔！」……雖然不知道明明是學妹為何叫我姊，但我也總是回「好的陳導」，然後默默走向講臺和老師說：「老師，陳毅說他請假喔。」

很長一段時間我對陳毅的印象，就停留在「不好好上課」的奇怪學長，但更奇怪的是，也從來不覺得他是什麼壞孩子，換作往日的我，早就把他列入拒絕往來戶一員。有一些猜想，在相熟後得到印證：只是在他的生命裡，有一些更重要的事情要去做。

這個奇怪的學長常讓我想，我難道就沒有「更重要的事情」嗎？那他為何敢拋棄所謂的常規而去做呢？「成為你想成為的大人」到底是哪種大人？我又真的好好長大了嗎？

我會聽見他對一切不平的反思，對教育有大把大把的想法，對自己的夢想，有著「好累，但也好想繼續下去」的勇氣。我對陳毅的親切感，大抵來自我們有太多相像的地方：同樣對很多事不平；一邊長大一邊害怕長大，也努力長成自己想要的模樣。

都是「壞孩子」的我們，都在努力的「好好長大」。

讀他的故事，裡頭也是我們自己。

我的狗狗好朋友

國立中央大學中文系　莊雅筑

剛開始我很不喜歡陳毅用「直屬」來介紹我，這個詞太陌生，每次他那樣說，我就會在心裡喊：「可是我們是好朋友啊！！」

莫名其妙的變得很熟，熟到變成彼此人生裡真正的好朋友之一，有時候不高興了，我也不會多隱藏，有點抱歉也有點開心，會感受到我怒氣的人很少很少，他是我最不擔心會不見的好朋友，大概也是因為這樣吧！

常常忘記他是個很厲害的人，他的厲害不只來自他的多重身分——導演、作家、學生、愛狗人士、老人、小屁孩——主要是他對心裡夢想的衝勁，別人會考慮千萬次，或懶惰千萬次，他卻直接做了，其實我覺得呀，不管有沒有達成，他都已經踏在夢想的路上了。

有時候他會說想要離開世界，但我覺得他才捨不得呢，也許和文學靠近的人，都有一顆細膩的心，讓我們用不一樣的眼光看待世界，特別會觀察吧，但他常常有點悲觀，可能是經歷的挫折太多，承受的眼光太多，與眾不同的壓力太大。想和他說，我是相信童話的，相信人都善良，相信想要溫柔的自己，都能因此獲得單純的快樂。也許他受的傷太深，但這樣的世界是存在的唷，只要相信，就會柔軟的活在心裡。

來自B612星球的陳毅

國立清華大學　楊正賢

「只有小孩知道他們在尋找什麼。」——《小王子》

陳毅每年總是會撥出時間看《小王子》。在剛開始認識陳毅時，我一直不太懂，為什麼陳毅會有這種堅持，為什麼會想要一讀再讀？

後來，我與陳毅有了更多的交集：讀他寫的網路新聞、聽他分享他遇到的挫折、跟著他拍紀錄片，才慢慢體會到讀小王子的重要性。我們都會長大，會在世俗的那些潮起潮落的過程裡，消磨成沒有初衷、沒有花火、沒有玫瑰的大人。

陳毅曾經跟我分享他的高中經歷，他毫不猶豫的說他絕對不會回去。但，走了一整圈，提早畢業、過早陷入社會糾葛的人，終究要回去把沒有修足的青春學分補齊。因此，陳毅回到了南崁高中。這一待，就是兩年。

「每個大人都曾經是小孩子，只是大多數的人都忘了。」小王子是何等溫柔又尖銳，陳毅這個在社會翻滾，又不斷的為夢想掙扎的人肯定比我還要理解小王子對於每個生命的提醒。他回到南崁，以紀錄片導演的身分介入在青春校園裡面，他是在記錄青春的點滴，但他也在修補自己，甚至，他也在質問自己——我真的有成為我想成為的那樣的人嗎？還是我也變成了那些不願意承認自己曾經是小孩子的大人？

要撐起一間公司，陳毅不可以是小孩，至少在能力上不能是小孩。但，他心裡面那個稚嫩的小王子毅一直都在，他讀《小王子》為的是要確保「小王子毅」不會被這些世俗的壓力、衡量與成就絆倒。我深信陳毅心裡的小王子毅不會沉睡。

作為陳毅的朋友，聽著他娓娓道來那段路程，不僅僅是看見他的成果，也不只是感受到他的成長，更重要的是見證他那一段向自我深處挖掘的歷程，那種不安，那種掙扎，以及那種如小王子般，純然的對生命的體悟。因著陳毅，所以我們也回過頭來探問自己的玫瑰是什麼，以及我們又是以什麼態度和行為來面對自己的玫瑰。

讓我們一起長大

彰化崇實高工　巫秉穆

回想起我與陳毅第一次見面，是在二〇二〇年八月八日，那一天特別的早起，一早從彰化搭火車到臺中，再轉搭一直很想體驗的火車快飛，一路飛奔到桃園，在高鐵上看著陳毅的第一本著作《十八後，成為你想成為的大人》，在還沒促成這趟北上旅行前，因為這一本書，牽起了我與陳毅的友誼……

當初會拿到這本書，是透過一位桃園公民記者徐淑卿，在二〇二〇年七月時，她送了我這本書，她跟我分享她在桃園認識與我年紀相仿的青年——陳毅，她簡單的跟我敘述陳毅的一些事蹟：「特殊選才榜首」、「副總統親自接見」、「媒體專欄記者」、「文學獎」、「影像獎」……

當時的我覺得陳毅根本就是「人生勝利組」，可以在高中期間能夠做自己想做的事情，還能夠透過不須考大考，只看備審資料及面試流程的「特殊選才」錄取大學，很多高中生聽到應該都會很羨慕，但直到了我看完《十八後》才知道，原來陳毅在高中求學時期並不是很順遂的，在學校並不是所有人能夠理解他，甚至學校老師及同學聯合排擠他，書裡述說著他對這些事情的遭遇、困難、挑戰到成長，他總是能把文字從具體的過程，轉化成一片感動，或許因為我與他只相差了二、三歲，漸漸的我開始能夠理解陳毅。

之後我主動向陳毅傳送臉書好友邀請，看著他臉書上一篇篇的貼文，都是他追逐夢想的過程，我們成為臉友後一段時間，他就主動私訊我，我們的第一句是從「不好意思，我似乎聽我朋友提過你，但忘記是誰說的」開始，那時都是他主動開啟話題，慢慢的我們開始熟識了，過了一段時間，我就提起北上桃園拜訪的行程，他毫不猶豫的就答應了。實際見到陳毅，透過談話，我也漸漸的認識他，從那一天起，陳毅在我心中也算是個正式的朋友了。

日後，我們多數還是在臉書上互動交流，只要有什麼有趣的事物，我們都會私訊互相分享，就這樣我們互動持續長達了兩、三個月，在這段期間（二〇二〇年八月中旬），陳毅的臉書動態持續更新，更新內容是《1819》紀錄片募資計畫，那時候從《十八後》知道他在十八歲那年，扛著攝影機回到了當初告訴自己不再回來的母校南崁高中，拍攝長達兩年的紀錄片計畫，原先只是一個參加比賽的動機，也因為時間上的種種考量，陳毅放棄了比賽，轉變成了長達兩年的拍攝計畫，儘管風險因此變得很大，但他卻因此多了一點純粹拍片的機會，因為他認為沒有什麼比「純粹創作」來得開心，也因為這分純粹，讓我更加堅定一定要來支持他。

第二次我們見面是在二〇二〇年十月十九日，那一天剛好是我自己在學校舉辦展覽開幕式的日子，其實那天是三年級的模擬考，但我請了一整天的公假，因為早上是開幕式，下午是我個人安排的一場講座，是設定給全校一、二年級的同學參加，那場演講的講師就是陳毅，演講的主題主要是分享他在高中的生活點滴，以及透過特殊選才錄取大學的專題講座，當初我私下邀請他時，他可是毫不猶豫的就答應了，那時我非常的開心，因為這場演講算是我給全校的回饋。

那一天原先預定每班最多只能五位同學參加，但有幾個班級來了好幾個想旁聽的同學，我與陳毅討論後，也決定讓他們入場聆聽，與學弟妹們共同聆聽陳毅的故事，在那天我也才真正的了解他，其實我會安排這場演講，除了回饋學校外，就是想真正的認識陳毅，以及給他宣傳《1819》的好機會。

《在長大之前，紀錄片1819拍攝紀實》記錄著這兩年拍攝團隊的點點滴滴，透過這本書，讓臺灣社會能夠進一步理解現今的青年外，也透過文字敘述、影像，讓觀眾重回到我們曾經都經歷過的高中生活，重新認識屬於你我的青春，也因為攝影機要進入校園是件不容易的事情，這也是我為何要推薦《1819》及這本書的原因，因為鏡頭下的畫面才是最真實的，現在的我也剛進入了十八歲，我也正在創造屬於我的青春，每個人的十八歲就只有一次而已，而在十八歲這一年是人生重要的分界點，每一個選擇都會影響著我們……

每個年齡層看這本書都有不同的意義，我時常聽到自己身旁的同學，時常有在跟父母親相處及溝通上的問題，有許多的小孩在家中和父母親的互動是少之又少，但在學校和同儕相處卻是非常的快樂，因為家長並不了解小孩在學校長達將近九個小時的時間，到底是在做什麼，我也推薦家長及小孩一起來看《在長大之前》、《1819》，或許這是你們可以互相理解的機會。

十八、十九歲的你，或許看了這本書可以協助你思考未來的人生方向……

二十幾歲的你，看了這本書可以讓你回味那些年的青春回憶……

《自序》

在長大之前

作者 陳毅

在出版上一本書《十八後，成為你想成為的大人》時，我並沒有等到整本書寫完才寫作者自序，反而跟現在一樣先偷寫。作者自序是一個微妙的存在，比起推薦序，它還能受到讀者些許重視，博客來等網路書店頁面甚至還會摘錄其中的字句拿來讓讀者參考是否購買，所以每個字句的下筆，我都格外謹慎。

這本書的出現，源自於這兩年拍攝的紀錄片《1819》，這部片從十八歲拍到二十歲，兩年的製作經歷了非常多的波折，預算從起初的十五萬，一直增加到接近一百五十萬；劇組團隊也從最早的三個人增加到十三個，這十三個人包含了六間大專院校的學生，年輕的劇組夥伴為紀錄片戰戰兢兢，創造了許多奇蹟。兩年內拿下台積電等重要企業的贊助、在flyingV群眾募資平臺發起的募資也順利達標，公視等媒體專題介紹、報導，讓這部片擁有好的資源去發揮，也因為這部片的拍攝，讓我有機會回到曾經極度排斥的母校南崁高中，等於擁有了五年的高中生活。

在二〇一九年十一月出版《十八後，成為你想成為的大人》後，我在演講時常被問到，下一本書何時出？我都不敢回答，出了一回書才知道寫書、出書的不易。我又是個極為自卑的人，《十八後，成為你想成為的大人》寫了我許多生命的故事，還都是苦難跟傷疤居多，出版後我沒有勇去去翻看，這樣子不照顧自己的作品，它卻一次次帶給我驚喜跟喜悅，那樣的振奮，成為我再提筆書寫新書的動力。

書籍出版後，我常有機會到各學校、活動中演講，抑或是在網路上與讀者對話，有一位讀者在讀完後寫了心得給我：「第一次買書，在拿到後的第八個小時將它看完了，中間被迫停下了多次，也在上課時沒能忍住，偷偷看了幾頁，如同書名，今年我十八了，爾後的我，會不會成為我想成為的大人，我不知道，但我有自信，成為一個了解自己的大人。謝謝陳毅學長寫了這本書，也謝謝我自己買了這本書，我想，我是幸運的。」看到這個回饋我紅了眼眶，出書後我從來不覺得需要有什麼使命感，一定要改變世界，我出版的書籍卻比我爭氣，默默帶給世界禮物，有很多讀者看到捧腹大笑，也有讀者看到淚流滿面，我想一本書籍的出版，創造了一次次旅行，製造我與好多人的相遇，這是最難得的。

《在長大之前，紀錄片1819拍攝紀實》書籍之所以會出版，又是我一個任性使然。陳毅，你明明知道出書不易、賣書更不易，你又不是那種自備超多粉絲的作者，還硬要出書，出書就算了還出紀錄片拍攝紀實……是嫌出版社倉庫放得東西不夠多嗎？沒有人跟我說過這些話，我自己就先念了自己一頓，可是我又是超級念舊、超怕健忘的任性作者，紀錄片《1819》花了我兩年，帶給我的是一輩子珍貴的回憶，遇到的人、遭遇的事，不論悲喜都有我活過的痕跡。這本書的內容，是我跟一群年輕人拍片兩年的故事，有許多對於高中教育的觀察、對長大的省思、實踐夢想的經過，也許能促進讀者有新的思考；除了紀實書籍外，後頭還有四個章節，分別寫了愛情、友情、夢想、生死等議題，也能成為青年學子在長大之前重要的參考。

原先設定我能有半年慢慢書寫新書（泡杯奶茶，在陽臺聆聽鳥叫，怡然自得），結果我就一路忙到底，忙到剩下一個月就要交稿，每天都得花時間生幾個字出來，不然真的會來不及。這本書的書寫常常遇到困難，最大的困難就是，這部片前半段的故事早就在上一本書寫過了，那我到底該怎麼把同樣的故事寫成不同的文字？還好這部片拍了兩年，有好多精采可以在這本書述說。此時我剛過二十一歲生日，朋友以為我這本書要叫作《二十一後，成為你想成為的……》，二十一歲不像十八歲或二十歲那麼具有明顯的重要性，它就像十九歲卡在中間，又不能說它不重要。愈長愈大因為生活的忙碌，每一天的差異性愈來愈少，跨年也不再有太多興奮感、生日吃蛋糕時只在意奶油有沒有反式脂肪。我意識到最美好的童年真的回不去，生活又常常被自己搞砸，未來會不會愈來愈好，誰也不知道。

從二〇一八年拍攝紀錄片《1819》，這幾年我確實是變了不少，不再刻意追求大人的掌聲，也懶得參與無意義的社交活動，更排斥許多人刻意討好前輩、阿諛奉承的嘴臉，我就是看不慣也學不會那套，連創作都要看人臉色、需要被誰打分數來滿足虛榮心，那不如不要創作。曾經迷失到漸漸找到自己，我便覺得善良也是種奢侈，心愈單純，力量就愈強大，好的人終究會被看見，且會互相吸引；如今生活仍是忙碌，卻愈來愈知道自己要的是什麼，這都源自於創作帶來的豐沛力量，我常覺得創作有許多形式跟媒介，我選擇了文字創作、紀錄片創作，這兩種形式相輔相成，也帶給我非常多的喜悅跟挫折感。這兩年要說的事情太多，盡可能把精采的瞬間、在乎的人事物都寫進書裡紀念，兩年的日子裡，許多很在乎的人離開了我，許多深刻的關係，趨於平淡；曾發生了幾次意外，跟死亡擦身而過；被不少謠言攻擊，也被許多人珍惜；熬過黑夜，終於見到天光。謝謝在這兩年來到身旁，可愛的人事物，謝謝 自由的臺灣、勇敢的陳毅。

PS.：要謝謝的人真的太多了，讓我留在片尾，遺漏的就刻在我心裡，我會記得的。謝謝曾經陪伴我的人，深刻的關係有朝一日如果趨於平淡，也會慶幸曾相遇。未來在哪裡，誰也不知道，拼湊每一個快樂的當下，繼續創作，保有勇氣去愛人，用自己的方式活著，成為我想成為的大人。對了，這次我邀請了好多人幫我寫推薦序，我希望讀者們都能看完，因為這些人寫得都好真誠，每一篇我都讀了數遍，邊看邊哭，礙於篇幅這本書沒有把小王子寫進來，希望他不會介意。

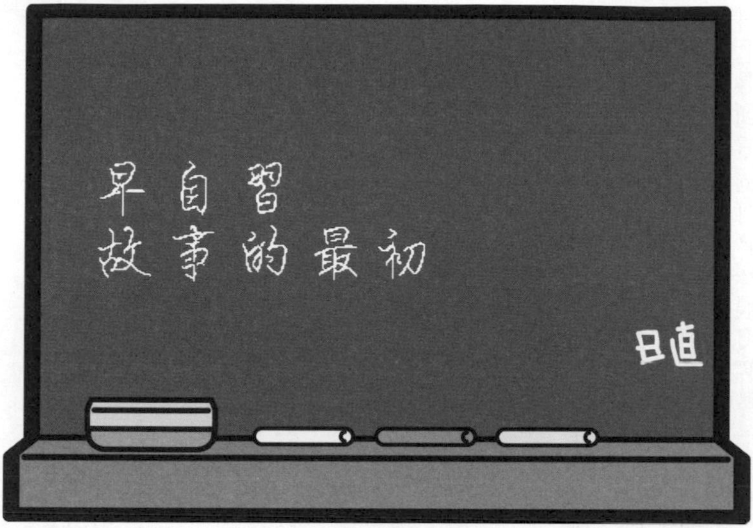
早自習
故事的最初
日直

原來這叫作「紀錄片」

二〇一八年四月，當時我仍是一位高中生，用特殊選才制度已經錄取大學好幾個月，享受著像是暑假的生活，平日拖著軀殼去學校上課，晚上則是在鄰近的火鍋店打工。生活一有空檔，人就會想盡法子填滿，填滿了空閒時間，我卻覺得好像還能再做些什麼。那時剛好在臉書看到「桃園城市紀錄片培訓暨競賽」的訊息，入選後可以獲得十萬元拍攝補助，讓我十分心動。

「紀錄片？什麼是紀錄片？」我開始在網路上找資料，「紀錄片是指描寫、記錄或者研究現實世界題材的電影。與紀錄片相對的為劇情片。在大多數情況下，紀錄片不需要演員參與。在紀錄片中表現的人、地點、情況與現實、實際情況一致……」在維基百科上得到這個有解釋跟沒解釋一樣的答案，讓我傷透腦筋，究竟該如何寫一個紀錄片競賽的企畫書，我一點想法也沒有。

從小到大我看過的電影少之又少，幼稚園看迪士尼卡通、宮崎駿動畫，國小時看電視上重播的周星馳電影，國中三年都埋首書堆，電影票對國中生而言又太昂貴，從來就沒有想過要去看。劇情片也就算了，感覺很無趣的紀錄片，我怎麼可能看過？查資料時發現齊柏林導演的《看見臺灣》，學校老師在課堂上曾經播放過，我還看到睡著。縱然對紀錄片一知半解，甚至沒認真看過一部紀錄片，為了拿下比賽獎金，我還是努力去聽了甄選計畫的說明會，想從中聽取一些入選的祕訣。桃園城市紀錄片培訓暨競賽在此之前已經辦了數屆，培育了眾多優秀的在地影像工作者，馬祖新村旁的光影電影館也逐漸成為桃園的紀錄片發展根據地。

經歷了企畫書初審、提案複審，我脫穎而出，順利入選桃園城市紀錄片培訓暨競賽。當時我隨意找了一個題目要拍攝，提案時的評審包含導演虞戡平、洪淳修等人，虞戡平導演在我提案後給的回饋跟提問，讓我一頭霧水，根本不知道該如何回應，但為了不要被扣分，我窮盡畢生官腔修為，努力包裝自己，讓這個提案趕緊過關。我不知道為何我會入選，還是以歷屆最年輕的身分進入培訓班，我得意極了，對紀錄片的不了解我一點也不擔心，滿腦子想的是如何花用這筆錢。

在入選後的第一堂課，我被安排到小教室與導演談話，笑著進去哭著出來。原來我沒有發現自己虛假，賣弄著自己的小聰明，以為沒有人看出來。可是我才十八歲而已，我的言行舉止，怎麼這麼像是那些在社會遊走多年的政治人物，談著談著我才發現，我也不喜歡這樣的自己，哭得稀里嘩啦。那是頭一次我真正想了解自己，真正承認我也迷失在大人的掌聲中，而且並不快樂。每週日上午我開始到桃園光影電影館上課，接受紀錄片訓練，我們在培訓的第一個月被賦予小作業，要到忠貞市場拍一個五分鐘的片子，從找題目、田野調查、拍攝到剪輯，都是新的學習及挑戰，才發現原來紀錄片的拍攝製作這麼困難，我在高中時跟同學常常亂拍微電影，還以為自己有影像基礎，結果連攝影機怎麼打開都不會，拍攝時鏡頭晃動、ISO值不會調、約好要拍片結果睡過頭，好多問題一次襲來。

每週日上午九點常有機會觀看好的紀錄片作品、聆聽導演的對談，下午再接著上課，一整天的課程非常紮實。一邊學習紀錄片，我也將原先拍攝的題目改為拍外婆的故事（紀錄片《美鳳的日子》），數個月內我帶著攝影機重新跟著外婆生活、拍攝外婆的日常，才發現自己跟她的關係並不若我想像中這麼熟悉。從撿拾回收物、做手工、跟越南外籍新娘拔菜、吃飯聊天，甚至是到競選總部幫忙，外婆的生活如此忙碌卻是多彩多姿，為了拍紀錄片我甚至帶著她回到屏東車城老家。七個月的培訓加上拍攝、後製，著實是耗費了許多時間跟精力，這也是人生少數能如此醉心創作的一段日子了。這時我對紀錄片已有更深入的了解，我尚未發現原來紀錄片已經跟我連在一塊，成為生命中的重心。

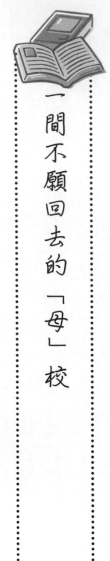

一間不願回去的「母」校

滴滴滴滴…滴滴滴滴……一大早鬧鐘在耳邊響著，我舉手將上頭凸起的按鈕按下，換取多五分鐘的貪睡時光。我通常不會只賴床五分鐘，回神時，發現已過了半小時，我趕緊刷牙洗臉，將衣櫃裡的制服拿出來穿上，然後用跑的到校車站牌。此時不過是上午六點半，道路上車子還不多，沿途還能聽見鳥兒在樹上歌唱，站牌已經滿滿的學生，我氣喘吁吁趕到時，校車也剛好到來，沒有任何間隙可以休息。刷了悠遊卡，我急於上車找個座位。

搖搖晃晃，我拿出一張滿是皺褶的紙，上頭是早自習要考的英文單字，一手拉著校車上的安全環，一邊背誦。高中生活幾乎每一天都有大大小小的考試，如果想要成績好看，捉緊時間複習自然是個妙方。環顧四周的高中生，有的在座位上滑手機，有的也拿出課本來複習，其他的多半是把握時間補眠，整臺校車，在抵達學校前幾乎是鴉雀無聲。

每一天校車行經南崁，必然經過一間小學，等紅綠燈時看向窗外，小學生跳著跳著，急著趕快去上學，臉上掛著燦爛的微笑，還不忘跟警衛伯伯說早。我將視線看回校車內，我們這群高中生一點朝氣也無，氣氛這樣的悶，倒也成了許多人認定的安穩，只要依循著學校、家長的叮嚀，似乎就能考上理想的大學，上大學之後又是四年好好的讀書，畢業後就能找到好的工作，一輩子似乎就不必擔心了。

十五歲這一年，我剛從大竹國中畢業，考取桃園市立南崁高中，入校時我告訴自己，我一定要像國中時一樣奮發向上、努力讀書，當時我很自負，總覺得自己天生是讀書的料，一定能以突出的成績跟才能，考取國立臺灣師範大學中文系，以後當一位中學國文老師。升上高中後，發現科目變得更多，內容也變得更艱深，學校造神般宣揚升學主義，在所有紅色高牆上掛上學測滿級分的紅布條。那一年，女校長在臺上拚命的告訴大家，要相信自己，只要你真的想，你就一定能，突破自己的極限，考取理想的大學，我跟許多同學都如此相信，也付諸行動。放學時我同樣搭上校車，在校車上昏睡，偶爾功課較多時，為了搶時間讀書，我會在校車上寫作業，一分一秒都不想浪費。

回到家之後洗澡、吃飯，然後把書包背到書房，規律的讀上兩至三小時的書，不熬夜、不早起，功課幾乎都能準時交、考試也幾乎都能考到不錯的分數。有些較為不擅長的科目如：數學、物理、化學，我也都逼自己苦讀，將同一本講義算上數回，或是自己製作筆記來複習。數學程度差的我，也曾在段考考到九十分。到了高中考了好幾次段考，即使很努力了，仍然無法突破自身程度的局限，班排名一直維持在前十名，不上也不下。

高中一年級是常態分班，班上的同學來自不同的鄉鎮，偶爾幾個來自同個國中的同學，自然比較快找到話題，也成為打鬧、嬉戲的死黨。高中時，幾乎每個班上都分了一堆小團體，男生、女生都會有一個主要群體、次要群體，中午吃飯時最明顯，會分好幾塊吃，落單的那幾個，也特別明顯，我才發現高中生活，跟我所想像的有些不同，雖然還算適應，仍感覺較以前疲累。

高中剛入學時我去了一趟圖書館，在那發現了桃園鍾肇政文學獎徵件推廣手冊，在南崁高中校內聽了作家李昂的演講，開啟了對文學的熱愛，我把握課餘時間，到圖書館借閱許多臺灣文學經典作品，這些作品打開了我對世界的想像，我在網路上成立了「臺灣文學閱讀及創作社」以高中生之姿擔任社長，在高一升上高二的暑假我舉辦了「龍潭客家文學小旅行」幾個文學社幹部一起練習寫企畫書、租借場地、規畫行程，從零到有學習，我透過這個小活動練習與大人溝通，也突然得到以前沒有過的成就感。

文學社團持續運作，我在校外的事務跟探索愈來愈多，近乎成癮。我骨子裡那乖學生的血液不斷流動，提醒我應該配合學校的讀書進度，不應該讀課外讀物、不應該在校外奔走，只因為這對升學無益。明白社會的認同應該是哪條路，我卻愈走愈快，往旁邊那條深不見底、荊棘叢生的小徑走去，回頭望，才發現大條的那條路大家排隊走在一塊、滿滿都是人，而我這條小徑風呼呼的吹拂，沒有人在前頭，後頭也沒有人願意跟上，我就這樣走啊走，沒有停止過腳步。幾年後我才發現生命裡許多決定看似輕描淡寫，實則影響了往後的一生，沒有時間後悔，錯誤了便調整過來，至少還保有選擇的自由，不像許多人窮極一生因為害怕失敗而盲目跟隨人群、選擇規矩，即使自己並不快樂。

二〇一七年，升上高中二年級，離學測也愈來愈近，我開始在地方報社擔任特約記者、在蘋果日報寫評論、創立獨立媒體「草根青年發聲網」，甚至籌辦了二〇一七年全國青年文學營、拍了第一部微電影，我的生活漸趨忙碌，卻也多了色彩，在校外奔走時我才發現這個世界不是只有75級分（學測的滿級分），跟以前學校描述的好不一樣，是我們在學校太封閉，還是我們從來沒有想要多了解？

《我是難民高中生》是日本作家仁藤夢乃的作品，由大是文化在二〇一四年出版。我在高中期間曾閱讀過這本書，對於她的高中生活處境很有共鳴，所以我常覺得自己也是難民高中生。仁藤夢乃在書裡提到，這是一個她從大人眼中的壞孩子「變好」的故事，但她的改變，跟爸媽和老師都無關。她在書裡寫上強烈的字句：「不符期待，你們就說我變壞，於是我得更壞，才活得下來。」

高中二年級時離大學學測愈來愈近，班上的氛圍也變得微妙，許多同學吵鬧的習性也被迫調整，我遇到了生命裡影響我重大的班導師，因為她的出現，讓我開始反思教育的問題。那時我常常要請公假外出，都經過正當的程序請假，在校外跑行程時，手機傳來幾個同學給的訊息。班導師在講臺上說了我許多壞話，而其中一句話，徹底的傷害了我，「我最討厭陳毅這種學生！」收到訊息時我還跟其他同學確認，當下我是生氣嗎？還是難受，我也忘記了，只記得我全身顫抖，孑然一身、格外孤獨。

從那時起我才是真真正正擁有自由，擺脫那個搖擺不定，一下想擁有更多自由，一下又想被當成乖小孩的矛盾狀態。我在學校的處境十分窘迫，關於我的負面評論甚囂塵上，陳毅這個學生的名字，在南崁高中成為壞學生的代表，我在學校內得不到認同，每一回去到導師辦公室，看著時不時瞥向自己的視線、眼光，我都覺得不自在。那時班上同學對我也有所誤會，如果用邦交國來形容，我大概面臨了可怕的外交危機，這樣的窘境，讓我每天都不想去學校上課，在這樣的時空背景下，幸虧班上還有幾位知心好友，偶爾能打鬧在一塊。

二〇一七年下半年，離大考（學測）只剩下百餘天，同學一塊報名了暑期輔導，我卻花了三分之二的時間忙於文學營的籌備、舉辦，因為暑期的缺曠不會列入獎懲，我索性都不去了。當時我的科任老師非常焦慮，當所有人在努力讀書、最後衝刺時，陳毅你在做什麼？一邊忙於文學營的舉辦，一邊我開始準備「特殊選才」制度的申請，這是教育部核准的四個高中升大學的管道（繁星、個人申請、指考、特殊選才）之一，不需參採校內課業成績，甚至連學測都可以不用去。我一直堅信自己一定能順利錄取，賭氣只申請了兩間學校，經過了書面初審、面試，所幸脫穎而出，成為南崁高中創校首位特殊選才錄取生。錄取後，學校張貼了有我名字的紅色榜單，媒體記者採訪報導，受到很多關注，這時我只收到一句話：「給陳毅上榜了，我看他大概就不來學校了吧！」得不到真誠的祝福，連上榜都被嘲諷，聽在我耳裡，說不出的酸楚。許多人看我這幾年因為拍片、演講，常常回到母校——南崁高中，大概會覺得我非常喜愛這間學校，但是我沒說出口的是，二〇一八年六月我從這間學校畢業，當時我告訴自己：「我陳毅這輩子都不要再回到這間學校。」如果非是因為紀錄片《1819》的拍攝，我不會有機會跟母校和解，這些故事，在後頭好好來述說。

遇見自己的影子

「歡迎大家來到南崁高中第十八屆畢業典禮！」主持人在臺前開場，這一屆的畢業典禮特別不同，桃園市長鄭文燦也是座上賓。畢業典禮這種場合，學生多半都覺得很無聊、很漫長，特別是我這種沒有辦法拿到獎項的學生，都只能在座位上發楞。在開場前時任南崁高中校長謝錦雲特別提醒我，學校要頒發一個特別的獎項給我，我嚇了一跳，我的成績奇差，不用說市長獎、議長獎，連個全勤獎、乖寶寶獎（好像沒這個獎）也拿不到，某一次我跟校長泡茶聊天提到此事，只是隨口說說，他卻記在心上。學校製作了一張特殊選才獎給我，一票市長獎的同學上臺受獎，我接著上臺，從鄭文燦市長手上接下獎狀，實在風光。鄭文燦市長跟我早已熟識，他先跟我說聲恭喜，問我說我是上了哪間學校，我笑著跟他說中央大學。

領完獎項後大概就沒有我的事情了，除了鄭文燦市長在致詞時又提了一次我的名字，把我的同學們都嚇了一跳。接著頒獎、校長、會長致詞、民意代表也都上臺一輪、播放祝福影片、唱校歌等流程一一通過，我一點感傷也沒有，還問自己說是不是要假裝難過？但慘了，我卻不自覺笑得很燦爛，終於等到這天能離開這個地方。這時有一些以前聽過我演講的學弟妹陸續傳了訊息給我，祝福我畢業快樂，我才感到些微不捨。

離開南崁高中時，我跟幾個比較好的朋友拍張照留念，隨後便獨自離開這所待了三年的學校。心裡下了一個決定就是，我要發光發熱，有一天南崁高中邀請我回來演講，我再來拒絕，這樣感覺非常豪邁，頗有原則。

回程時，我的 IG 帳號有一個追蹤要求，是一個看起來很玩咖型的學弟，名字跟我一樣都是兩個字，我開始回想這個學弟黃斌到底在哪裡見過面？結果怎樣也想不起來，我也回追蹤他，沒多久手機又震動了。

黃斌：「哇賽回追餒，學長～～」

我：「可是我對你沒什麼印象耶，哈哈哈～」

黃斌：「我也對你沒什麼印象。」

我：「靠么！說，誰派你來的？我又沒去過102。」

黃斌：「○○○說你中央大學躺分進，我就好奇了，來找找這是哪號人物。」

我：「我完全跟以前那些榜首唱反調，你可以慢慢觀察，我的故事太多了。」

黃斌：「觀察屁屁喔，你都畢業了。」

我卯起勁解釋了我是誰，他的訊息總是讓我會心一笑。三不五時他會回覆我的限時動態，那陣子我特別忙碌，都要回不回的。真的有空檔時我會陪他聊聊臺灣的教育、高中的生活。剛認識不久他就說他轉學到香港了，讓我很錯愕（結果又是騙我）。他開始叫我老闆，然後我把他設為IG的摯友，就一直放在那，覺得他會是我很好的朋友，像其他同樣跟我要好的學弟妹一樣，僅此而已。我其實在他身上看見了自己過去的身影，因此常常被吸引，同樣有好多古怪的想法，在班上跟同學也有些格格不入，同樣不知道為何要讀書，同樣油腔滑調。我繼續忙著在城市紀錄片培訓上課，而他偶爾的來訊就成為我的一點出口，幫我忘記平日的壓力，不過實在是太過忙碌了，我心想交朋友隨時都有機會，這個學弟就先擱著吧！

我想拍一部叫7879的紀錄片

離開了高中校園的束縛，我也即將升上大學一年級，由於早在一月就上榜了，我不用準備考試、不用準備申請大學，高中最後那陣子雖然偶有模擬考跟段考，我都猜一猜就睡覺應付。這樣漫長的休假生活，我忙碌著獨立媒體——草根青年發聲網的事情（二○一七～二○二○），也因為錄取了桃園城市紀錄片培訓暨競賽，七月起開始每週日去馬祖新村旁的光影電影館上課。起初尚未考到機車駕照，每一次都得起個大早搭公車，十分痛苦。同一時期，我又報名了客製映像——桃園客家短片培訓暨競賽，竟然也順利入選，拿了兩個紀錄片競賽各十萬元的資格，卻完全沒有拍攝紀錄片的經驗，這可難倒了自己，我的生活因此傾斜，各方面都處理的馬馬虎虎。

我在二○一七年跟隔壁班同學呂亦揚成立了毅然文創媒體工作室（即後來公司的前

身），我積極幫工作室開拓資源，為未來公司的正式登記奠定基礎。我複製了城市紀錄片企畫、提案的經驗，在客製映像——桃園客家短片培訓暨競賽中脫穎而出，順利入選，此時友人傳來了新北紀錄片獎的甄選消息，原先自認已無法負荷，沒有想要報名，但我看到了三十三萬元的獎金，又心動了。可是，得生一個題材來寫案子啊！這時候怎麼生出題材？我也忘記當時怎麼產生這個念頭，覺得可以回到母校「南崁高中」拍一部教育類型的紀錄片，主軸跟核心都尚未找到，我就跟團隊說，片名就叫作《1819》，含意是十八到十九歲，結果後來一大堆人都誤會這是一部1819年的歷史短片。

要回到南崁高中拍攝紀錄片，得找到適合的拍攝對象，腦海裡快速掃過認識的學弟妹，停在畢業典禮才剛認識的學弟黃斌身上。我有過非常多次沙盤推演，甚至想了好多說法要說服他，打了通電話給他，結果他想也沒想就答應了。為了趕上隔年二月截止的新北紀錄片徵件，我開始著手書寫企畫書，跟黃斌認識幾個月，卻十分陌生，為了紀錄片企畫書的好看，只好約他出來惡補進度，聽他說了許多有趣的故事，再謄寫到企畫書內。最困難的就是書寫影片主題、故事內容大綱，只好又寫了一堆空話來充字數，就像學校期中考的申論題一樣。

起初我對這部紀錄片的規畫是，要拍三個主角，黃斌、我還有另外一位高三的學弟，三個人各自用不同的方式面對十八到十九歲，按照比賽的簡章，這部片只需要拍半年，含糊結案過去就好。

沒料想到許多規畫跟自以為聰明的安排都被打亂。

劇組人員最早就只有三個人，拍攝預算最初也才寫了十五萬，一切都是憑空想像，真正付諸行動執行後，一切都有所調整。掙扎了一陣子，我反覆思考著真的要進去南崁高中拍片嗎？學校會不會反對？那些以前就討厭我的眼光，是不是會盯著我的一舉一動，讓我喘不過氣？還真的是為了三十三萬，硬著頭皮把拍片的前置作業一個一個完成。在拍攝前我到南崁高中拜訪當時的校長謝錦雲，沒有被刁難，他基於過去對我的信任，同意讓我入校拍攝，還交代我忠於真實的拍攝即可，不用顧慮太多。有了學校核准拍攝的公文，我出入南崁高中拍攝就更為方便。

原先要拍這部片是為了參加新北紀錄片獎的甄選，除了時間因素外，也因為我覺得高中生活只拍半年沒什麼意思，而且我的內心糾結，如果只是為了參加紀錄片獎而拍攝，是不是在利用這群高中生，整個企畫書被我大幅調整，從拍半年改成拍兩年，我的一個任性決定，讓拍攝預算從十五萬提升到四十萬，到後來甚至飆破一百萬。過一陣子我也用同樣的方式拜訪黃斌的班導師，也獲得同意拍攝，這時我才意識到沒有辦法後悔了，接下來又是兩年的高中生活。

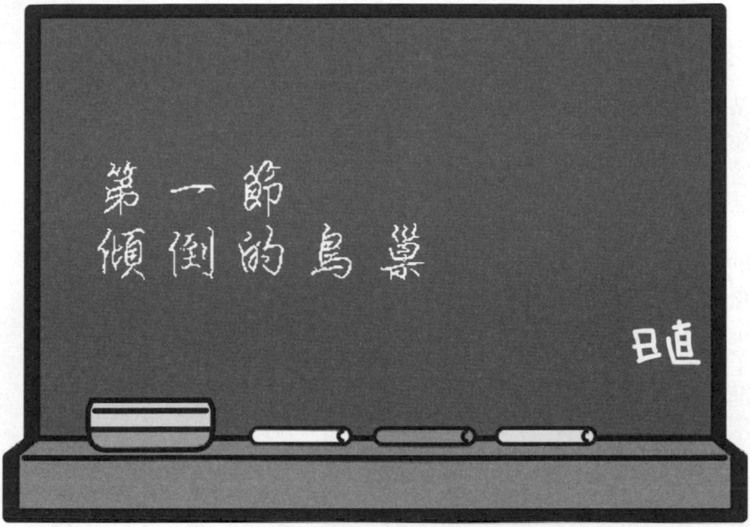
第一節
傾倒的鳥巢
日直

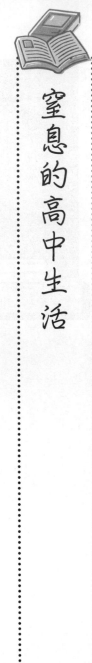

窒息的高中生活

二〇一九年三月八日，是紀錄片《1819》在南崁高中的第一次拍攝。這個禮拜剛好是桃園城市紀錄片培訓班的結訓週，我也要發表紀錄片《美鳳的日子》。在城市紀錄片培訓班的這七個月，從排斥到投入，對紀錄片有更多的認識，攝影技術也漸入佳境，有些許基礎當然有助於《1819》，結果頭一天的拍攝就狀況百出，反映了我的恐懼跟不舒服。

我是一個內心隨時有小劇場演出的紀錄片工作者，擔心進學校會被很多人發現我在拍片，或是學弟妹不讓我拍攝，該如何是好？我帶了助理亦揚一起前往，也是為了緩解自己的緊張。這天微雨，我把腳架架在警衛室上來的穿堂，所有學弟妹經過時都會看我一眼，黃斌撐著一把傘走了進來，我跟著他一起上樓，一邊拿著攝影機記錄，一邊調光、一邊又失焦還有些晃動，狀況沒有好過。走進教室時我很慶幸沒有造成太大的騷動，初來乍到，每一堂課的老師對我都很陌生，我得一位一位溝通。「老師好，我是畢業的校友陳毅，我們在拍一部紀錄片，因為黃斌是男主角，請問您的課我們可以拍攝嗎？」我誠懇的看著第一堂課的老師，以為馬上會收到熱情的答應，結果第一堂就被拒絕了，而且上午三節課都是她的課，表示這三個小時我完全無法開機，只能窩在圖書館。這天完全沒有黃斌班導師的課，沒有機會跟他班上的學弟妹好好解釋、說明，有好幾位學妹用諷刺的話語嘲笑黃斌，也讓我感到不舒服。

在桃園城市紀錄片培訓班受訓結束，習慣了戰戰兢兢看待紀錄片拍攝製作，有些強迫症，只要一段時日沒有拍攝，我都會感到不安，覺得應該要捉住進度，好讓這部作品順利完成。想法跟實際的行動總是有落差，拖了兩個禮拜才再前往南崁高中，這個環境本來就不是我喜歡的地方，去那就算只是待著，也感覺非常不自在，整個身心都不屬於我自己。起初我都不知道該不該拍攝，常常就是坐在教室空的座位上發呆，看大家考試、上課，那令人窒息的氛圍，逼得我好想逃。

我想起我自己還是高中生時，高一、高二我都很配合學校的讀書進度，班排名穩定維持在前十名。到了高中二年級後我開始忙於外務，課業就難以顧及，漸漸退步，那時候我掙扎著我到底該往哪條路走，師長訝異我的退步，話語裡淨是失望跟無奈，希望我把課業當成第一，其他的雜事、閒書都不要去碰。學測前書商總會來兜售複習考卷，白色、黃色、大張、小張，每天光是應付這些考試就疲於奔命，尤其當時的教育部、教育局三申五令，早自習時間不應該拿來考試，這樣的政策到了各級學校都成為參考而已，早上七點四十一到，考卷就發下來，而且還算分數，誰敢遲到不來考試？實際來拍片時，想起這些往事，就納悶當年是如何熬過去的。畢業一年多，來拍片還是會遇到第一節考到第八節的窘境，我都不知道該拍什麼，因為每一堂課都一樣。

我是難民大學生

二〇一八年一月，國立中央大學特殊選才計畫放榜，我順利錄取，當天包含中國時報、自由時報都大力報導，國立中央大學位於中壢區，錄取分數不低、學術研究也頗具權威，也是桃園市境內最高學府。知名的電視劇《我的自由年代》以一九九五～一九九九年大學校園生活為故事背景，這齣電視劇在二〇一三年首播，引起話題，取景地便是在中央大學校內，讓我在入學前對大學生活充滿期待。

暑假時中文系先舉辦了新生訓練，系上的師長、學長姊帶領我們這群新生認識學校環境，要知道如何選課、選老師、畢業學分有多少，學院又各自分布在哪裡，哪間學生餐廳不要去吃，初來中央大學便跟家人討論好沒有住在宿舍，每天通勤上學，中央大學離家至少十三公里，騎車單趟就要半小時，倘若睡過頭那就是保證上課遲到了。

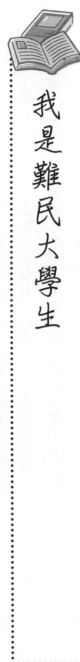

中央大學中文系，以傳統國學課程居多，在我入學時尚未有太多實務、現代課程，剛入學時我正好在桃園城市紀錄片培訓班受訓，每週日整天都在上課，也同時得拍攝紀錄片《美鳳的日子》。系上的課程我試著去聆聽，卻往往不感興趣，要我坐在教室三個小時，真的備感吃力，部分教授出了一大堆作業跟報告，還有課堂小考，完全顛覆了我對大學教育的想像。

學校許多同學很努力配合系上的規定，不會有電視劇裡大學生去夜衝、去尋寶、一起在學校操場跨年這種景象，許多頂尖大學學生多半延續了國、高中時遺留下來的乖學生血統，不知道如何安排閒暇時間，便把課表排的跟高中時一樣滿，真的有空閒時間便待在宿舍，較為舒服自在。

學校老師話語裡淨是不用擔心中文系未來沒有出路，殊不知有非常多學生內心帶著不安，根本不知道所學要如何運用。有一回校長還為此出面解釋，他說大學本來就不是為了培養就業人才，這點我能理解，但如何讓學生活用知識、運用到未來的工作跟生活環境，應該也是教育的目的。身為系上唯二的特殊選才生，我在入學時對中央大學中文系的特殊選才制度頗有微詞，還為此拜會過中文系前後任系主任、文學院院長、教務長，甚至還跑去校長那與校長一談。大一的時候我可真是延續了高中時那初生之犢不畏虎的霸氣、犀利，我認為特殊選才學生處境艱難，我們非是用課業分數錄取進來，進入學校後卻得跟其他人用一樣的標準應試，必修、選修學分不減，畢業門檻也得配合學校，實在是不太公平，許多人說如果不適應那就轉學、轉系啊！殊不知現行臺灣的轉學、轉系也都看成績，本來就非屬讀書專業的特殊選才生如何有基礎準備轉學考？

系主任陪我去找過學校的教務長，從頭到尾都聽他說著官腔。我不死心，寫了一封信給校長，校長祕書安排我跟校長見面，校長跟教務長的話語如出一轍，他們說學校不可能為少數人調整教學制度，還認為讓我用特殊選才入中央大學已經是一種恩惠。校長語畢，我直接跟他說，臺灣的教育從小學到大學都讓人失望透頂，校長心裡應該想，這學生竟然敢在校長面前這樣說話。離開校長室的時候剛好颳起一陣風，遠處圖書館前是一道陽光照射在地上，我卡在中間，進退維谷，為此我幾乎又跟學校槓上了，像極了那時候我跟南崁高中的對抗，只是一介學生，知道終究無法影響體制多少，就像教務長提醒我的，等到制度真的改完的時候，我可能也畢業了，但一個錯誤的政策就是要有人提出問題，它才有改變的機會。

大一我馬馬虎虎的應付著學校課業，其中幾堂很排斥的課幾乎都被我蹺課蹺光，老師甚至發出通緝令，傳訊息或透過其他同學找我，我卻躲在同學的宿舍做自己的事情，當時就是想賭氣，一方面也是對體制無聲的抗議。升上大二上學期情況更為嚴重，我幾乎都躲在南崁高中拍攝紀錄片，甚至有一個科目連期末考都沒去考，在大學找不到立足之地，讓我感到十分無助，也得不到學校師長、同學的認可，處境艱難、朋友很少，像極了高中時的我，我在重蹈覆轍嗎？

我並不知道，只知道自己並不快樂。大學二年級上學期，我的課業分數級差，甚至達到了二分之一不及格的門檻（俗稱：被二一），只要再有一個學期被二一，就會直接被退學，當時我真覺得自己是難民大學生。

PS.：大二上學期被二一，學分幾乎都沒拿到，也讓我吃足了苦頭。我開始調整了自己的生活重心，大二下學期出席率大增，也不再想跟體制抗衡了（人微言輕，無能為力去改變什麼），那學期我拿到第一個歐趴（修習學分全數及格）。至今漸漸找到課業跟外務的平衡點，為了順利畢業，也決定不再賭氣，但學校師長對我的印象無法抹去，那個不符合期待的學生印象早已深入人心，在學校格外孤獨，紀錄片的拍攝製作，成為我跟這個世界、這個奇怪教育體制抗衡的一聲吶喊。

不要自己裹足不前

從二〇一九年三月，我便長期蹲點在南崁高中拍攝紀錄片，這期間我也見證了不同時期校園氛圍的轉換。剛開始升上高中時，學生們的心仍然飄忽不定，讀書的動力也因人而異，除了某些早下定決心的學生外，其餘的學生多半未有危機意識，此時占最重的是同儕之間的關係。

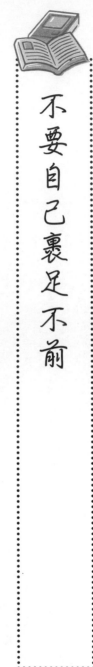

我開始拍片時黃斌已經升上高中二年級，正好是高中三年的中間，下學期還有愉快的畢業旅行，畢業旅行回來後我持續進入黃斌的班上記錄，此時已掌握了拍攝的訣竅，跟他的科任老師也都有了默契，甚至可以站在講臺上記錄。

黃斌除了在學校外，假日也會去補習班加強課業，我也帶著攝影機跟了過去，大二下學期期末考後學校輔導室安排了升學主題的演講，找來了教育部多元入學工作圈的某位顧問當講師，開頭第一句就問大家說學測倒數幾天了，這句話彷彿是個分水嶺，預告了接下來的日子這群高中生得為了學測努力，這位顧問仔細分析了各式升學管道的利弊，自己講得頭頭是道，卻沒發現學生興趣缺缺，黃斌甚至在底下滑手機，最後我也加入戰局，跟黃斌聊天聊了一節課。

很快的，暑假便開始了，黃斌跟身旁的同學們都報名了暑期輔導，暑期輔導的拍攝跟平常上課沒有太大的不同，我帶著攝影機過去，常常也是沒有開機，就這樣坐在教室的空座位上做自己的事情。

拍攝紀錄片時我在教室常常都保持沉默，如果心是喧鬧的，似乎難以融入環境中，比起拍紀錄片，我想我的到來只是想在黃斌最辛苦準備考試的時候，給他多一點陪伴，好像在他最需要的時候，我一直都在。

暑輔期間，我拍到了一幕有趣的畫面，是班導師在跟同學們信心喊話，她一開口：「要叮嚀你自己，學習是你自己的……」一聽到關鍵句，我便把攝影機轉向對準她，心裡想著中了中了，我就是想把這充滿升學主義的話錄下來。

「要叮嚀你自己，學習是你自己的，班上很多人都是你學習的榜樣，所以你千萬不要跌倒囉，你不要自己裹足不前，你一定要拚下去，你人生中最重要的考試馬上就要來了……」

此時老師說的慷慨激昂，我轉頭看著黃斌，他正在滑手機，我笑出聲。

升學祈福典禮

臺灣絕對是奉行升學主義的國家，升學主義從小影響了我們成長，縱然讓許多孩子覺得苦悶，卻也創造了許多有趣的文化。南崁高中在每年學測前，都會舉辦大考誓師祈福典禮，這種典禮有加強學生信心的用意，除了南崁高中外，國內許多高中職也都有這樣的傳統。這天上午我起了大早，趕上了畢業班拍團體照的有趣畫面。

當天其實是校內我中國文學史課的期末考，我竟然出現在南崁高中拍片，因為我找不到替代的拍片助手，權衡之下只能如此處理，沒有對錯，後果自己負責就好。

拍完畢業照後，整個高中三年級的學生聚集在中庭，校長先致詞勉勵了幾句，總務主任接著介紹了待會祈福典禮上學校用心準備的貢品，包含象徵好彩頭的菜頭、象徵會算的青蒜、包子、蛋糕、粽子象徵（包高中），大家看了都會心一笑。

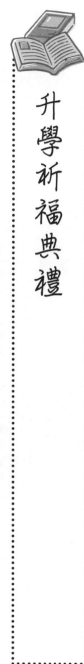

每年的升學祈福典禮，都辦在一旁的南崁五福宮。南崁五福宮主祀 玄壇元帥趙公明，已有兩百多年的歷史，是全臺灣最古老的財神廟，亦為三級古蹟。我在求學時時常前來尋求 玄壇元帥的庇祐，可謂有求必應，在拍攝紀錄片《1819》時，一有空我也會繞過來參拜。在我高中準備特殊選才申請時，我幾乎到處拜、到處祈福，桃園市的文昌宮、孔廟我也都曾前往參拜，不管實際效果如何，都給了我安定的力量。

祈福典禮的起始，由時任校長謝錦雲、會長林紘詰及各班導師行三跪九叩首禮，校長念著疏文，所有的師長無不虔誠看著 玄壇元帥，希望這分虔誠能幫助學生們加強考運，能有好的展現。三跪九叩首禮後，一個班級一個班級陸續進到內殿，我見到黃斌，在學測前他看來有些疲倦，嘴巴始終合著，我並不知道他有沒有跟 玄壇元帥祈求些什麼，他一向是個不太相信鬼神的人，我見他闔起眼睛再睜開，雙手稍微拜了一下，我拿著攝影機拍下這一幕，在心裡希望黃斌這一絲絲的虔誠，能幫助到他往更好的地方走去。

學測

二〇二〇年一月，此時離學測愈來愈近，班上的讀書風氣已經飽和，有一點悶。從第一節課自習，到最後一節課可能也是自習時間，拚的不是誰讀的多，而是誰能在這樣的緊張氛圍中穩住軍心，不要亂了陣腳。這陣子拍攝黃斌，明顯感受到他的壓力，已經透過鏡頭傳遞給我，放學時他沒有太多話好說，微笑也漸漸變少，我感到心疼。課後不再是跟同學出去玩，而是到一旁的圖書館加緊讀書、複習，或是到社區的圖書室跟朋友討論功課，我這個大學長，在課業上一點忙也幫不上，只能把當年國、高中教我如何讀書考試的書籍都借給他當參考。

班級內黑板上的倒數數字愈來愈模糊，受到新冠肺炎疫情的影響，所有人都戴起口罩，人跟人之間少了一點溫度，強化了考試前的壓抑、苦悶，我幾度放下攝影機想逃得遠遠的，當我逃出教室一間間，發現這一層、那一層，這一棟、那一棟都已深陷其中，逃不開也躲不過，我也漸漸被同化。拍攝學測絕對是個大難題，可以複雜也可以簡單處理，學測是國家重要的考試，牽涉重大、嚴禁舞弊或是校外人士打擾，我的拍攝勢必違反教育部的考試規則，對此我甚至前往考場——陽明高中拜會校長，試圖找出合適的拍攝方式，結果正如所想，考場內無法拍攝，考生休息區勉強可以，但如果有人檢舉，會立即請我們離開。

一天一天倒數，就這樣來到學測前一天，同時也是南崁高中的結業式。在拍攝紀錄片《1819》時我還算敏感，大概知道哪些活動跟日子很重要，一定要好好拍攝，可是我卻搞砸了，紀錄片拍攝中的突發狀況硬生生的打亂了我所有的規畫，許多自以為是的小聰明、企圖掌握一切，都事與願違。

那陣子黃斌開始不理會我，我跟他說話他也一句話也不回應，攝影機跟過去他便逃開，留下我待在原地生悶氣，結業式這天也是同樣的情景，我內心焦急、不安，因為隔天就是學測了，我卻無能為力找出原因，也找不到適當的時機修補兩人的關係。

結業式這天大考中心開放學生提前去看考場，黃斌消失了！我只好去找了其他被攝者柏諺、舜霖，先跟他們一起用了午餐，吃飯的時候我跟柏諺等其他被攝者聊天，格外自在，我的心思卻常常飄到黃斌身上，他去哪了？我跟他又是怎麼了？

午餐結束，我們沿途開始拍攝，柏諺跟舜霖騎摩托車出發，我則是請助理亦揚開車載我，沿途手機都開著當對講機，要他們騎快一點或是騎慢一點，不然拍不到畫面。

我們抵達考場——陽明高中，我帶著小器材先到明日他們要考試的教室看看，心想考試當天沒有辦法拍攝，那前一天總可以了吧？遊走在規定的邊緣，我很是得意。

看完考場後那個晚上，我便到柏諺家拍攝學測前的夜晚，再度遇到柏諺的奶奶，她老人家總是準備滿桌的佳肴等待孫子來吃，看到我們很高興也要我們趕緊坐下來一起用餐，我的心情也因此好轉。

紀錄片導演的心情有時悲傷有時又高興，又容易感動也愛哭，情緒的高低起伏這麼大，真的好嗎？我沒有答案，也許這樣才像個活著的人。

學測當天，我比平常還早起，柏諺也早早就抵達，唯獨沒有黃斌的消息。等黃斌走進來時，他只顧著跟他的新朋友聊天，看到我也當作沒看到一樣，我不知道哪裡出問題，心頭十分難受，到了午餐時間我才鼓起勇氣跟他說了再見，我便結束學測第一天毫無進度的拍攝。

這天晚上的睡眠伴隨著一場場的夢境，醒來時依稀記得我在夢裡拍片，放過自己吧，我對自己說。

PS.：學測第二天，我下午抵達陽明高中已找不到黃斌的身影，我在門口等他交卷，他卻始終沒有出現，沒有人知道他去哪裡，我只知道我很難堪，那時我正好在處理初戀女友的感情狀況，兩個人的關係讓我無法處理，心頭紛亂，幾近崩潰。

第二節
躍動的青春

日直

下課後的祕密基地

開始拍攝紀錄片《1819》後，彌補了我枯燥的大學生活，剛開始拍攝時黃斌正值高中二年級，是個較無壓力的階段，放學時黃斌不會馬上回家，往往都有新奇的節目。黃斌都會問我說要不要拍，我便帶著攝影機衝過去找他會合，在每一次的活動中，我們更為熟識、彼此也有更多信任，我也認識了他身旁許多玩伴。

所謂狡兔有三窟，黃斌跟這群高中生玩耍的地方也不少處，真是讓我自慚形穢，明明年紀差沒幾歲，我以前怎麼就沒有玩過？黃斌放學時候的玩伴不是自己班上的同學，而是隔壁班的柏諺、舜霖，還有幾個死黨分別是政維、冠智、健愷、芊妤。高中生的生活不是只有苦悶，他們總會幫自己找點樂子，或許是用來打發時間，更多的意義應該是紓解日常的壓力，在乎朋友的他們陪伴彼此成長，這樣的嬉鬧就是青春的模樣。

那天黃斌跟舜霖騎著腳踏車從南崁高中離開，抵達桃園的大魯閣棒球場，我則是早他們幾分鐘就到場先補個畫面，從小到大經過這麼多回，我從來沒有想過有機會走進去，還真多虧黃斌跑來玩，我又有機會開拓視野了。

大魯閣棒球場的員工沒有人干涉我的拍攝，反倒是一堆民眾看著我，這我倒是非常習慣了，黃斌跟舜霖說一些垃圾話互相嘲諷對方，然後穿上裝備進入打擊區，眼前是有張泰山照片、夢想的挑戰字樣的大帆布，前方不斷噴球出來，黃斌則專注打擊。我分別從背面、正面捕捉黃斌的專注身影，我也看得出神。

大魯閣棒球場除了可以打棒球外，還有籃球機可以玩，黃斌跟舜霖最愛的卻是能消耗體力的拳擊機，我也手癢加入戰局，結果我的分數超級低，被笑了好久。

除了大魯閣棒球場，黃斌也喜歡跑去柏諺家社區樓下的撞球室打撞球，空間算大，也能把桌子撐起來打桌球，柏諺家離南崁高中很近，很適合放學直接過去打發時間，再騎腳踏車回家。有一次我去拍攝，他們幾個高中生還帶了幾瓶啤酒在那邊喝，我沒有阻止也不需要阻止，因為這樣的樣子很令人著迷，這是在長大之前的一種吶喊吧，很有韻味。這時心裡又想著去過柏諺家，那也得去其他人的家吧？

舜霖家開的工廠，緊鄰高速公路旁，又很大間，也是他們的祕密基地之一，正值十八歲的年紀，大家便在工廠倉庫練習騎打檔車，陰暗的工廠漸漸有了笑聲、有了光亮。如果我高中的時候也有這樣的生活，應該很棒！但人生不是用來羨慕別人的，每個人的人生各有精采，而拍攝紀錄片就是賦予我特權，擁有第二次高中生活。

放學後的時間，黃斌幾乎都不會準時回家，是不是真的去補習班，家人也不知道，黃斌住的社區離學校也不遠，這個社區設施滿好的，有簡單的健身房，甚至還有游泳池，我高中時的同學威丞也住在這個社區，剛好也是黃斌的好友，幾個朋友就這樣相約在社區游泳池游泳，我也有機會幫觀眾爭取福利，拍一下黃斌游泳的畫面？

我高中的時候放學就是乖乖回家，要嘛去補習班，要嘛就是在家讀書寫作業，或是忙我的外務，真的沒有額外的祕密基地。如果沒有這些祕密基地，高中生的生活就只剩下苦悶的課業；如果沒有這些課外的活動，我也不知道還能拍一些什麼，高中生們的生活多了一絲喘息，微笑是青春的特權，希望他們永遠笑得燦爛。

園遊會、運動會

國中的時候我最期待園遊會了，每個攤位可以準備自己要賣的東西為班上賺點錢，又很有成就感，國中時我們班賣乾冰汽水，生意好到忙不過來。可是，距離沒這麼久的高中園遊會我卻完全沒有印象。

到了這兩年紀錄片，又有機會參與南崁高中的園遊會，我除了簡單拍攝一些畫面外，就是實際掏錢來消費。南崁高中的園遊會除了各年級都會擺特色攤位，攤位販售的東西有的是實體，有的則是服務，這幾年到處都賣炒泡麵或是烤香腸，飲料也非常多，生意最好的還是鬼屋體驗，明明一點也不可怕，可是又讓人感到誠意十足，就掏錢進去，結果是被吼叫聲嚇到、被衛生紙球砸到，而不是真的恐懼……除了攤位外，還有社團的演出，南崁高中有好幾個常常表演的社團，包含康輔社、熱舞社、熱音社、吉他社等，總能撐起場面，吸引大家注目。

園遊會我記得是兩年一次，運動會就是年年有了。說到南崁高中的運動會，最大的特色就是「創意彩妝進場」，這也是我高中時期的一個陰影，不會跳舞的人得學著跟上大家的動作，還得花時間想妝扮，通常一籌備就是好幾個月，放學還得留下來練習，努力只為了上場的那五分鐘。不過想來這還真有趣，每個班級各自用一首歌的時間祝福學校生日快樂。

我拍攝紀錄片期間又參加了兩次運動會，第一次是二〇一八年十一月，我跟黃斌首次見面，我還拿了我的紀錄片海報送他。隔年就是真正拍攝他運動會。運動會上，高一都被要求要創意彩妝，每一班都有自己的特色，我欣賞著大家躍動的青春身影，一切一切都這樣吸引人。黃斌班級慢慢走上前，我注視著每一個人賣開的步伐，黃斌抬頭挺胸面向前方望去，若有心事，熟悉的創意彩妝進場、運動員宣誓、點燃聖火，接著唱國歌、迎接會旗，校長、會長、一大串來賓輪流致詞，大家在場上撐著頭、流著汗，情景好熟悉也好陌生，我想藉著紀錄片的拍攝又給了我一次機會，這一回我除了記錄外，就是抓緊時間拚命的看，我要自己在這個不會重來的當下，真真正正感受一回十八歲的模樣。

畢業旅行

黃斌高二下學期，正好是剛開始拍攝沒多久，在班上的拍攝遇到些許瓶頸，趁著他們要出發畢業旅行，也讓我轉換一下拍攝面向，畢業旅行，這個好多天的大活動，在高中生心裡，絕對有舉足輕重的地位。我告訴劇組我想跟著去拍攝，拍攝初期，劇組裡頭最常陪我出任務的當屬執行製片亦揚，這種大任務動輒三天兩夜，開銷則由公司全額支應，一切都為了讓片子完整度提高。

我告訴黃斌說我也會跟著去，他還以為我在開玩笑，畢業旅行出發的那天，早上五點多我就起床，七點前我已在南崁高中準備拍攝。我朋友常笑我說，要是你上學也這麼準時就好。沿路我遇到許多學弟妹，當我告訴他們明天見，他們都嚇了一大跳，直說學長太誇張了。遊覽車從學校對面的廣場陸續出發，我向黃斌揮手說再見，便騎車去跑了好幾個行程，下午雖然有去學校上課，心卻早已不在學校。

隔天一大早我跟亦揚一起吃頓早餐，扛著攝影器材就搭高鐵南下，這是繼紀錄片《美鳳的日子》後，又一次南下屏東，一路上我都興奮不已，亦揚則是把握時間補眠。

搭高鐵到高雄左營站，再搭計程車到達恆春小鎮。已經有機車駕照的我們，租輛機車來代步，可以到處騎車遊玩，我們騎車帶著行李抵達車城福安宮，這一站是每回我到屏東一定要過來的景點，有我成長的諸多回憶。二〇一八年下半年曾祖母過世後，跟這塊土地的連結就少了一塊，小時候幾乎每年都要回來屏東看看曾祖母，在她過世後，只有拍攝紀錄片的需要，我才會專程南下一趟，這一趟路途遙遠，卻承載了我的思念。桃園是我的故鄉，屏東的落山風、溫暖的陽光，卻也滋養了我的童年。車城這個特別的鄉鎮，最著名的便是擁有全臺灣最大的土地公廟，同時也是官方認定最古老的土地公廟——車城福安宮，每年吸引非常多參香團蒞臨參拜，香火鼎盛，我帶著亦揚前來，滿心歡喜的跟最照顧我的「土地公祖」問好，也把我拍片的相機拿去過爐，經費不足的小劇組，直接選擇一旁的香客大樓入住，便宜又實惠。

把笨重的行李卸下，我們騎車前往墾丁悠活渡假村，南崁高中的遊覽車隨後才抵達，許多師長、學弟妹看到我的時候都很驚訝，黃斌笑了一下，他們班上又是一陣騷動。進到悠活渡假村，設施還不錯，我跟著黃斌他們一行人進房看看，他們的行程已是第二天，臉上略有疲態，稍微休息一下就要迎接青春晚會。

青春晚會上大家盡情的搖擺身子、吶喊、尖叫，各個中隊彼此較勁，我則詳實記錄，晚會的尾聲是感性時間，播放感傷音樂，搭配隊輔的感性話語，學妹們就哭成一團、抱在一起，這個情景都讓我回到當初，遺憾置身其中的我始終覺得自己格格不入，沒有特別想珍惜與同學的關係，在多年前的那個夜晚，我一滴淚也掉不下來。

「看到黃斌他們青春的模樣，突然很是惆悵，拍攝紀錄片給了我介入他人生命的契機，而我選擇在這個時候奔向南方，為黃斌他們做點紀錄，他看來已經很習慣。這小子屁孩歸屁孩，卻已經是我重要的朋友了，很多時候不是我給他東西，是他讓我多更加思考。」（陳毅，拍攝日誌，2019.5.22）

第一個夜晚，在車城福安宮香客大樓睡得還算安穩，隔天一早我跟亦揚往廟口走去，準備找尋傳統早餐，剛好遇到一間麵店可以大快朵頤。

來到車城除了跟土地公問好，難得回到老地方，我騎著車來到屏東縣車城鄉第一公墓納骨堂，剛好在福安宮附近，我走進納骨堂，先雙手合十向地藏王菩薩參拜，接著我找到曾祖母的照片，向她老人家說幾句話，謝謝她以前的照顧，如今她功德圓滿，成仙逍遙去，讓她知道這個小曾孫一切都好，也告訴她此行我來拍紀錄片，盼望都能順利。

這趟南下才第二天，我的疲累並沒有因為睡一覺就消去，不過心裡仍然很踏實，我們到了屏東海生館與同學們會合，我坐上黃斌班上的遊覽車拍攝，班上的女生特別留了一個位置給我，但我總覺得不自在，只好裝作手機一直有訊息。

這晚他們入住福華飯店，感覺滿高級的，我也是頭一次進來參觀。跟著黃斌一行人參觀房間，學弟們開始打鬧、嬉戲，精神真的還很好，這趟南下的重頭戲便是要來墾丁大街，我期待好久，想在那大吃特吃；黃斌先是跟我走在一塊，後來我們跟舜霖、芊妤會合，大家的注意力都是在待會兒如何偷偷買啤酒。黃斌跟舜霖看著我，我知道他們的意思，身為卑微的紀錄片導演，只好出借我的背包偷偷幫他們背啤酒回飯店，黃斌看我背得如此辛苦，有一絲愧疚，擔心我會不會太累？聽著他的擔心我感到欣慰，心想這個男孩成長了，懂得為人著想。我草率的把片子拍攝、收尾，接下來才是我的時間，我可以好好買東西回去飯店犒賞自己。

「捨不得這裡的風、捨不得拍片過程中打鬧的青春，盼望留在當下，晚上我跟亦揚在墾丁大街買了近五百塊的滷味、魷魚、蒜香雞，準備回飯店吃；回去的路很漫長，我心裡承受愈來愈大的壓力，途中幾乎沒有一盞路燈、有蟲鳴、有飄忽的樹葉跟草、有怪聲、有隨時會跑出山林的動物、還有墳墓。」（陳毅，拍攝日誌，2019.5.24）

回顧當時的拍攝日誌，那天在墾丁大街享受光亮，扛了大包小包食物跟亦揚雙載要回香客大樓，結果回程路上卻是驚魂不斷，我還被嚇到哭，這完全是適合拍攝鬼片的場景，我們憑藉著機車微微的光亮緩緩向前，就像紀錄片的拍攝一樣，憑著小小的勇氣想嘗試，可以慢慢前進卻不能裹足不前，不然便會陷入永久的黑暗，如果願意憑藉著小小的力量向前行，光亮也不遠了。

回到飯店洗個熱水澡，吃了一頓大餐，便迷迷糊糊睡去。隔一天中午我們把機車還給租車行，走路到恆春的餐廳跟大家會合，回程能夠坐學校的遊覽車回桃園，算是一種幸福，這天我就沒特別跟著黃斌他們行動，坐上遊覽車，回程的路特別漫長，我一下昏睡，一下清醒，聽著學弟妹們唱歌、聽著導遊感性的發言，使我想起當年我們也經歷過這一些，當年我並沒有這麼珍惜，拚了命只想把自己從南崁高中抽離，卻抽離不了。紀錄片給了我一次又一次的旅行，是彌補當年的空白，填上了黃斌的十八歲，也註記了我的十九歲。

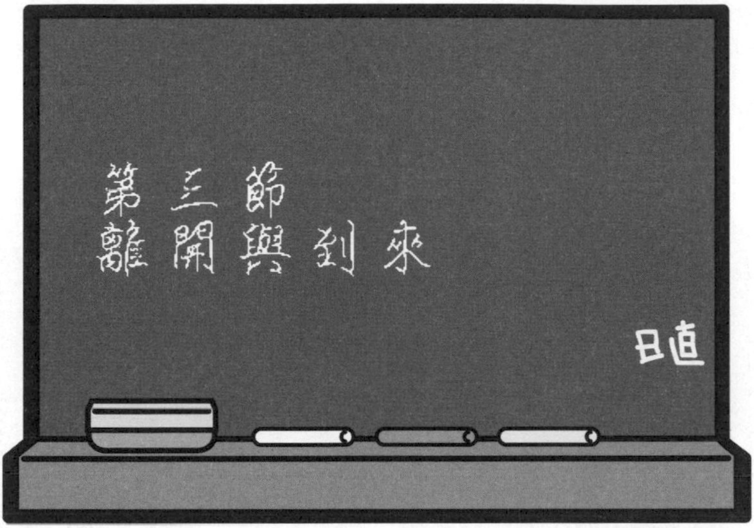
第三節
離開與到來
日直

畢業典禮：其實我不想結束

從二〇一八年十二月展開拍攝，到了二〇二〇年六月的畢業典禮，象徵這深刻的旅程，就快畫下句點，在過程中我幾度想放棄，心心念念想趕快拍完它。在畢業典禮的這天我才誠實面對自己的心，其實我不想這麼快結束。

為了黃斌的畢業典禮拍攝，前幾天我特別調動劇組人員前來場地勘查，除了錄影記錄，還安排了劇照攝影、空拍，場地勘查這天剛好也是畢業典禮總預演，確認了黃斌班級的位置，我開始跟劇組討論如何拍攝，討論到一半我也看見前女友坐在附近，望著她的背影，我處變不驚，彷彿無事，卻難控制內心的波瀾一拍一拍拍著堤防，人生如此，悲喜交雜，最美好的時光回不去似乎便成為一種遺憾藏於心中，襲來時的滋味自己清楚。

真正到了畢業典禮這天，劇組開了一臺車前往南崁高中，空拍部分情商在龍德宮認識的空拍兩兄弟鍾沛勳、鍾沛儒相助，其他攝錄影則由我、承維、柏崴撐起，抵達南崁高中也才七點半，這種重要拍攝我通常五點就起床，沐浴、盥洗、準備器材設備，是黃斌的畢業典禮，也是陳毅的。我坐在階梯上架好攝影器材，幾乎都是拍著臺上，偶爾轉過來補一些黃斌的畫面，這天的拍攝雖然平穩，卻非順利，我總是心不在焉。

典禮開始後有特別的開場，接著校長致詞、來賓陸續致詞，接著從市長獎一路頒獎到全勤獎，中途穿插了名人的祝福影片、學長姊的祝福影片；我看見我錄製給學弟妹的祝福影片，我說了一段話：「哈囉各位學弟妹大家好，我是陳毅學長，很多人到了五、六十歲都還沒辦法過自己想要的人生，總是活在他人的期待中，十八歲是人生中重要的一年，希望大家都能帶著純粹的心，勇敢的成為你想成為的大人，大家畢業快樂。」

高中三年的生活，其實就是人生的縮影，有苦有樂，重要的是好好活過每個當下，有人選擇好好讀書、考試，有人則用其他方式度過，都沒有對錯；這時候我告訴自己學弟妹也要畢業了，我這學長也是該離開了，不要再眷戀這裡的花花草草、不要再逃避現實生活，苦悶也好、快樂也好，陳毅也要有勇氣面對。

典禮到了最精采的部分，是所有畢業生一起演唱畢業歌《逐》，這首歌是南崁高中的學弟妹自己的創作，聽到時我非常驚豔，後續我也跟主創團隊談妥授權，讓這首歌成為紀錄片《1819》的片尾曲，典禮上，所有人隨著歌曲搖擺身子、拿起手機開啟手電筒，頓時有了光亮。

「恐懼失守，奮不顧身奔向了我，安然無恙，是堅強，是狂妄，還是倔強？喜怒哀樂，並肩度過，告別不是盡頭，是展開全新的生活，一路上有你有我。聽見了心中的聲音，奔跑吧逝去的光景，擁抱著，每一刻，最純真的快樂，留下了無數的痕跡，承受著失敗也不願放棄，溫暖的光，將你指引，共同的夢，繼續追尋。三年的時光，歡笑不會隱藏；珍貴的寶藏，回憶不會遺忘；流過的淚水，想起了你和他，曾一起度過悲傷。」（《逐》，作曲：彭邦晉／作詞：彭邦晉、呂婕翎、李佳霓／主唱：彭邦晉、李佳霓）

我的畢業典禮是這部紀錄片的起點，讓我認識被攝者黃斌；黃斌的畢業典禮則鋪陳了這部紀錄片即將邁向結尾，大家一塊兒唱了最後一遍校歌，畢業典禮就已至尾聲，偷偷看著黃斌，此後沒有什麼理由再回到這間學校，在這裡擁有五年的高中生活是一個超級特別的經歷。我深深明瞭，拍攝紀錄片給我機會重新審視自己的人生，拿起攝影機，我們成了背景，用來襯托真正的主角，離開鎂光燈的照耀，才貼近現實的生活。

我幫黃斌班上拍了大合照，然後遇到冠智、政維跟承靖，就在臺下拍了張合照，緩步下樓，樓下早已提前部署拍攝人手，空拍人員準時將空拍機升空記錄，留下了特別珍貴的畫面。我待在穿堂，作最後的拍攝，前女友走過我身旁，她揮了揮手，我卻分不清是在跟誰揮手，我躲開了她的眼神，畢業典禮途中我曾有機會跟她擦身而過，我卻一句話也不敢跟她說，連一句畢業快樂都梗塞在心，遲遲無法出口，變成遺憾。這天黃斌的畢業，卸下了高中生的生活，拍攝仍有一小段得繼續，我搭上劇組的車，離開熟悉的南崁。

「曾相遇的人事物，都將伴隨我成長，希望大家都快樂、平安。黃斌也好、前女友也好，謝謝你們來過。」（陳毅，拍攝日誌，2020.6.15。）

故事的尾聲：黃斌升大學

二〇二〇年一月學測後，黃斌接獲成績後便開始準備申請大學，透過書面審查及面試，他順利在高中畢業前就錄取文化大學機械系。六月畢業後，看他對大學生活很是期待，我則繼續為這部片的募資計畫奔走、籌備，同時我也帶領團隊在新屋笨港國小拍攝製作一支新的紀錄片，無暇關照他暑假在哪裡玩，或是發生了什麼事。黃斌新生週在九月展開，包含新生茶會還有新生訓練，我請劇組人員沛儒克服困難開車載我上山，一定要來文化大學拍攝；拍攝是一回事，重要的還是陪伴黃斌上大學。

我拿著器材走進新生茶會的餐廳，先跟機械系的學長們表明來意，幸好拍攝上沒有被阻撓，同學們分成好幾桌坐著，每一桌都有兩位學長當隊輔，大家陸續自我介紹、玩互動遊戲，黃斌看來很快就跟大家打成一片。

我的紀錄片隨著黃斌升上大學，便是收尾的時候，拍攝一旦結束，便要進入剪輯階段，如何說故事、如何剪輯，都是不小的挑戰跟考驗。

新生茶會這天大家從室內玩到戶外，這樣的互動安排，都是為了加速大一新生認識彼此，以後要同班四年，總不能跟我一樣孤僻。

我深知這是倒數幾次拍攝了，一分一秒都不想錯過，結果拍到忘記吃午餐，下午兩點多才收拾裝備、離開文化大學。

我的劇組人員都很清楚，每一回出機拍攝，少不了吃吃喝喝的行程，我請劇組夥伴順道載我到淡水的關渡宮參拜，頭一次前來關渡宮，處處都是新奇：莊嚴宏偉的廟體建築、聲名遠播、靈驗非常的關渡媽祖、令我頭暈目眩的古佛洞，走出關渡宮，在廟旁吃了滷肉飯、苦瓜湯，還買了茶葉蛋、酸梅湯過過乾癮，沿途又看到花生糖冰淇淋，手就伸到口袋裡撈啊撈，走到哪就吃到哪，這也是享受生活。關渡宮旁鄰近淡水，車子一邊行駛，關渡大橋、淡水河、八里渡船頭，一幕幕映入眼簾，在車上我紅了眼眶，一年沒有勇氣前來這裡，連經過也不敢，深怕勾起過往與前女友的回憶，知道她過得很好，有了新的校園生活，就為她開心。

「經過淡水河，浪花持續拍打著堤防，時間慢慢走過，深刻也會漸漸淡去，紅了的眼眶，是對過去的追憶，思念當時的我們，人事已非，但我早已成長。」—（陳毅，拍攝日誌，2020.9.9）

隔天一早買了豐盛的早餐就出發前往文化大學，沿路我靜默無語，腦海裡充斥著拍攝過程的點點滴滴。

結束昨日的新生茶會，今天開始是一連數天的新生訓練，我們找到機械系的教室，花了少許時間跟其他同學打聲招呼說要來拍攝紀錄片，沒有受到阻撓。黃斌躲在教室的一隅，我們相視而笑，系上持續進行無趣的宣導，我把黃斌找出來聊天，想說都已經是最後一天的拍攝了，請他跟我拍張照作紀念，結果被拗了一百塊。中午，他們吃著午餐的便當，我則餓肚子繼續拍攝。黃斌離開教室，跟著隊伍一路要走去文化大學的體育館。文化大學位處陽明山上，時常雲霧繚繞，許多教學的大樓還充滿儒家氣息、古色古香，體育館跟中央大學的體育館大小差不多，都能容納不少學生，我在體育館二樓架好器材，方便拍攝，畢竟新生典禮都非常冗長。到了下午三點我才吃午餐。黃斌說他要搭我們的車子回到桃園，他收拾好東西，騎車到宿舍放東西才與我們會合，上車後我有很多話想說，卻卡在喉頭說不出口。

等了兩年的殺青戲

從文化大學下山後，一路上黃斌滑著手機，我在車上架好攝影機對準他，一邊閒聊一些事情。我的心情非常複雜，隨著桃園愈來愈近，惆悵不已。畢竟是一部拍攝兩年的作品，這兩年的拍攝與製作，有快樂也有悲傷，帶著攝影機長期蹲點在南崁高中，因此有機會跟母校和解；跟著這群高中生，我帶著劇組南北奔波、到處走走看看，彌補了我從來沒有的高中生活空缺。

拍片很燒錢，又常常被說沒出路、沒前途，我與劇組夥伴熬過謠言、攻擊、嘲諷，這是我的片子，拍得再辛苦也是我的作品，賺錢不賺錢更非是拍攝紀錄片的目的。我身旁的朋友有個習慣，就是愛稱呼我為「陳導」，一個人這樣叫，所有人就跟著叫，直到今天看到自己的努力、認真、用心與細膩，我才能坦蕩蕩面對這個稱呼。在高速公路上我扶著攝影機，偶爾就對準擋風玻璃拍出去，頗有公路電影的感覺，助理從南崁交流道方向駛去，再繞駛較無車子會行經的小徑，天色已漸昏暗。經過南崁的一家路易莎咖啡，再經過土地公廟，已是晚上六點，車子便停靠在黃斌家的社區門口。我拿著攝影機，機敏的捕捉這個瞬間，我搶先下車，把攝影機位置喬好。

「衣服有帶嗎？」我在上車後丟了一件紀錄片紀念衫要送給黃斌。

「當然是沒有。」果然如此，我看他手上沒有衣服。

黃斌繞過車子後方，走到人行道上，我拿著攝影機，繼續對著他問：「對於殺青有什麼想法嗎？」

「就你還沒拍完啊！」

「我拍完了啊！」

「哪有？明天還有耶！」

原來黃斌說的是新生訓練第三天。

「我不要啊！」這一刻我想饒了自己，想也沒想就決定今天殺青。

「好了，就這樣了掰！」黃斌笑著，把手伸過來，竟是推了我的遮光罩一下。

「完美收尾，掰！」他是如此善解人意，用手持續推我的遮光罩把畫面遮住，幫我收尾。

「走啊，我要拍你揚長而去啊……」

「募資啟動記者會要來啦！」

「不要！」

「我在幫你收尾耶！」他一邊拒絕記者會邀請，一邊繼續推著遮光罩。

在夜裡，他慢慢往前走去，我看著他的背影漸漸消失在鏡頭裡，此刻，拍攝兩年，時常嘴裡都在碎念說想殺青的我竟紅了眼眶。

為了拍攝紀錄片，兩年籌了一百萬

每一回演講完，常常都會被問到一個問題：「拍攝製作這部片，遇到過什麼困難？」我最想說的就是沒錢。身為紀錄片《1819》的導演，在這部片最剛開始企畫時，原先只打算拍個半年、隨意剪剪，開銷應該十五萬就能應付；當時我帶著簡陋的企畫書，到處奔走，先跟幾間認識的企業單位募款，順利募得十多萬拍攝資金。隨著愈拍愈後頭，我決定更改拍攝企畫，從原先的半年，改為拍攝製作兩年，我這個大膽的想法，馬上就讓劇組陷入沒錢拍攝的困難，拍攝預算從十五萬元，登時變成八十萬，再到後來的一百萬；有部分原因是剛開始拍攝的階段，完全不了解行情，也沒有想過這部片的格局可以如此寬大，影響力可以這麼深遠、重要。

二〇一九年下半年，正好是這個片子開拍近一年，龐大的拍攝開銷，已經讓劇組無力負荷。回想那時我身上沒有多少錢，仍是勉強墊了八萬塊支應劇組的拍攝，沒錢拍攝，只好東省西省，幸虧器材是自己的，拍攝環境又很穩定，不然絕對無法靠著這十幾萬撐持一年。

可是再怎麼撐，都到了捉襟見肘的狀況，身為劇組導演兼製片，我得開拓財源，讓這部作品繼續走下去。此時我已深刻明白，紀錄片《1819》有其重要性，更有其獨特的魅力。

劇組的顧問賴振民向我提到，台積電每年都有個青年築夢計畫，總獎金有三百萬，過去他輔導過好幾隊，都拿到至少十五到二十萬不等的補助金，能有力量繼續圓夢，顧問不忘傳了許多資料給我參考，我上網也查了許多補助相關資訊，才知道原來這個計畫行之多年、頗為競爭。

可我就是對《1819》充滿信心，我耐著性子把《1819》的企畫書準備好，順利通過初審，再前往清華大學進行第二階段的複審提案。提案隊伍各有千秋、主題多元豐富，臺下的評審除了有台積電文教基金會董事，天下雜誌總經理、臺大教授也在其中，我上臺說著當初為何拍攝這部片，言語中不慌不亂；心裡想，這麼好的作品，就算沒有獲得補助，我還是會繼續把它拍完，但如果能得到這筆補助，也許就能稍微喘口氣。

許多參賽隊伍都是五到六人組成一隊，就我這組只有一個人，氣勢先輸了一半，不過我憑藉著題材的特殊、嚴謹的製作態度跟格局，還是從八十個隊伍中脫穎而出，取得拍攝補助六十萬元。這筆錢，扣完稅後還有五十多萬，讓我有充裕的經費完成前期拍攝，而我也透過這筆錢提供劇組人員基本的拍攝待遇，設備上也能有所提升。

參與台積電青年築夢計畫期間，感受到護國神山台積電的嚴謹，每兩週需繳交進度，還有期初、期中、期末報告要出席，這同時也養成我們以更認真的態度看待細節，整個計畫為期半年以上，帶給我與團隊滿滿的收穫跟幫助，更是一輩子記在心裡的感謝，企業願意成立基金會，每年提供數百萬讓青年圓夢，台積電的高度，對不同年齡層的守護，令人敬佩。

經歷過紀錄片《1819》的拍攝後我才知道，一部紀錄片從開始拍攝到完成後製、後續發行，各有不同的開銷。幸好早在劇組剛籌組時，我便建立了嚴謹的記帳、會計機制，劇組的預算更是需要經過層層審核，才能使用，這樣的嚴謹我覺得是最基本的態度。

台積電的補助拿到後，讓劇組順利完成數個月的拍攝，拍攝完成後，劇組開始要進

行後製剪輯工作，我詢問劇組會計還剩多少錢，他才說補助金早已耗盡，需要另外再闢財源，

我捏了把冷汗，前後已經投入五十萬以上，竟然還是不夠完成整支作品。初步估算後製所需的經費，是一個驚人的數字。我和劇組討論後，便決定試看看這幾年大家常使用的募資平臺來集資。

國內較為知名的募資平臺有嘖嘖、貝殼放大、flyingV等，我跟團隊研究了各自的效益，也得考量團隊人員的技術能因應到什麼程度，文案、主視覺設計、募資回饋品發想、計畫影片的剪輯，還得經過審核、修改，才能順利上線，我們在flyingV平臺上發起「紀錄片《1819》後製經費募資計畫」，二〇二〇年九月三十日要正式上線，在上線前三天，劇組在桃園的安東青創基地舉辦啟動記者會，這是我第一次舉辦記者會，我們聯繫背板廠商、聯繫燈光音響，找來賓、想流程，同樣又是繁複的程序。

記者會當天天氣不錯，電影《打噴嚏》的演員蘇品杰（後改名為蘇少宸）、王子涵、金穗獎策展人胡延凱，都應邀前來站臺；桃園市長鄭文燦在記者會前一天也跟我聯繫，他當天晚上請幕僚傳了影片給我；因為他那天行程太多，實在無法抽身，但還是撥空錄

製影片來相挺。記者會當天，我在門口接待來賓，國巨洋傘李銘智董事長、市議員陳美梅、彭俊豪、黃家齊、南崁高中前校長謝錦雲、劇組夥伴都陸續來到，正忙著接待來賓時，我看安東基地門口工作人員有些騷動，原來是桃園市議會的議長邱奕勝也來到了，藍綠大咖齊聚，真的挺有趣。

我們播放募資宣傳片，我也介紹了這個拍攝計畫內容，被攝者黃斌也被主持人抓上臺分享幾句話。臺下與會來賓、友人聽得很認真，邱奕勝議長致詞時說到，為了這場活動他推掉了四個行程，讓大家為之動容；以前剛認識邱奕勝議長時，我跟他提到過我是拿議長獎畢業的，讓他印象深刻，往後我們在議會訪談、談話都格外有默契，他也多次協助劇組克服困難，展現其影響力跟親和力。

當天來了幾位記者，包含中嘉新聞的記者賴韋伊、桃園電子報記者諶志明、臺灣導報記者鍾陽正，都到場相挺，更多的是當天行程太多，事後協助報導的記者大哥、大姊，包含公視記者詹淑雲、桃園有線新聞記者董語菲、Nownews今日新聞記者李春臺、大紀元記者徐乃義、指傳媒記者彭慧婉等，每一個記者花了自己的時間協助刊登、報導，讓這部片的募資計畫被更多社會大眾看見。

記者會後我與劇組人員一同前往桃園龍德宮（主祀天上聖母四媽祖）、桃園承天宮（主祀二郎真君）進行募資祈福參拜儀式，都獲得廟方熱烈歡迎、接待，這兩間都是我有在其中服務的宮廟，也深受兩間宮廟神明的庇祐，屢次克服拍攝、製作過程中的挑戰跟阻礙，更是劇組的心靈寄託。結束參拜行程後，已經是下午一點了，我帶著劇組人員、演員來賓們到住家附近的餐廳簡單炒幾樣菜，我們聊著紀錄片、聊著許多遠大的理想，因為有彼此的陪伴，挑戰再大似乎也不需畏懼。

募資計畫在九月三十日正式展開，為期兩個月的募資期間，同樣是一波三折，募資計畫的精神是希望社會大眾的小額贊助累積成大大的力量，奈何劇組根本沒有太多廣告預算可以推廣，許多承諾推廣的人到了最後一刻也沒能順利出手，我們只好繃緊神經，每一天觀察著金額的起伏；在推廣的過程中，謝謝藝人黃子佼、youtube 百萬創作者黃氏兄弟等公眾人物熱情轉貼、真心感謝國巨洋傘李銘智董事長牽線非常多企業、家長協會參與其中；也感謝峰聖貿易有限公司、和光工業股份有限公司的老闆成了關鍵助力；還有南崁高中家長會、德修宮文教基金會等單位也都給予幫助。最後，終於在募資計畫截止前一天，我們順利達成五十萬的目標，最終有一百三十五位贊助，累積 518,061 元贊助金。

回想這兩年的拍攝製作，我們到處提案報告、爭取充裕的經費以利作品有好的呈現，累積起來已經突破百萬，是我在拍攝起初無法想像的境界，紀錄片作品不一定每一部都能有這樣的群眾關注力，我們謹慎運用每一份贊助金，一定要讓這部片有最好的品質。

第四節

搏鬥：衝突與和解

日直

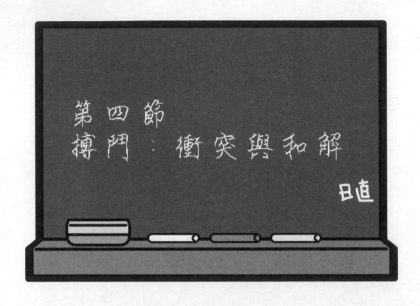

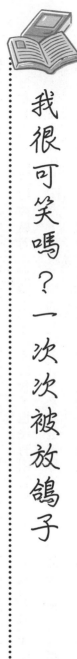

我很可笑嗎？一次次被放鴿子

這本書我在書寫時故意跳脫時序，我把光鮮亮麗留在前面幾個章節，再一鼓作氣把過程中的苦難、挫折都寫在這個章節。日本當代重要的紀錄片導演原一男（Kazuo Hara）曾經說過，拍攝者與被攝者之間，本身就是一種搏鬥、對抗的關係，紀錄片是格鬥技；他也曾在我的手冊上題字「もっと過激に！もっと自由を！」（愈是激進，就愈自由！），這樣的精神就跟日本另外一位紀錄片大師小川紳介主張的「和諧：紀錄片是由拍攝者與被攝者共同創造的世界」有極大的不同。

二〇一九年三月我開始進入南崁高中拍攝，到了五月，已陸續進他們班上拍了好幾回，素材常有重複，按照過去在城市紀錄片培訓的經驗，我應該拍一些不同的東西，例如：帶著攝影機進入黃斌的家中拍攝，這樣才能呈現高中生們不同的生活面向。

第一次進入黃斌家中，氣氛很微妙，我帶著企畫書跟黃斌的爸媽溝通過，初步應該是可以配合拍攝。隔了一週我便請黃斌告知他爸媽，我這週要正式進家裡拍攝了，黃斌口頭說好。正式拍攝那天我提前跟學校請假，騎車來到黃斌家樓下會合，我傳了訊息給黃斌，他告訴我說他要躲我，我以為他在開玩笑，還笑著回他訊息，跟他說別鬧了，我已經在樓下了，要他趕快下樓幫我開門。

時間一分一秒過去，我在社區樓下足足站了有一個小時，我才意識到他是真的可能在躲我。我傳了許多訊息希望他回心轉意，他仍沒有要回家的意思，然後只收到黃斌來訊說我可以回家了，意味著今天的拍攝告吹，而我像個傻子一樣，浪費了一個多小時。

我的心情大受影響，沿途我都在飆車，這樣的情緒有生氣，也有難過，更多的是懊惱自己的拍攝工作不受控制，無法預期，或該說被攝者的行為失控到完全超出我的想像，可是我並沒有付錢給被攝者，他並不是受雇於我，也沒有跟黃斌簽約，他並沒有欠我什麼，他沒有義務要配合，或說這樣的失控情況本來就是紀錄片工作的一部分。那時我想起原一男導演的主張，紀錄片是導演跟被攝者的搏鬥，我很認同，卻仍舊期盼，紀錄片是導演跟被攝者共同完成的過程。

「他有時候根本想跟我爭奪導演的身分，還直接跟我說昨天其實沒什麼好拍，這小子厲害了，還會幫我猜測鏡頭要拍什麼。我覺得因為這天，我倆的關係變得平淡且疏離，我心情始終好不起來。」（陳毅，拍攝日誌，2019.5.17）

又過了兩個月，我跟黃斌約好要進行訪談，當天我在公司架好器材準備拍攝，上午九點我提前下樓等待黃斌、柏諺，等到九點四十分，還沒看見人。我傳了訊息給柏諺，他告訴我黃斌還沒下樓，一陣子過去，我又傳訊息追問黃斌是否出門了？結果柏諺說還在等黃斌。手機又振動了一下，黃斌傳訊息說他被攔截了，無法出門。我想起以前他放我鴿子的事情，很是生氣。從開拍到殺青，甚至到後來的幾次重要活動，黃斌放鴿子的習慣並沒改，往往順著自己的意志決定當天要不要履約，我常覺得自己是不是非常可笑，可是似乎也慢慢麻痺了，畢竟他是我的被攝者，我又能說什麼呢？與被攝者的關係，無能為力，而這也成為我拍攝上最大的困擾。

爭吵與冷戰：愈是在乎愈痛苦

二〇一九年五月，拍攝愈加密集，好似整個生活重心都在黃斌身上，他的一言一行也都會影響我的心情，我對這部紀錄片、這位被攝者是發自內心的在乎，在乎到讓我發瘋般的投入，從偶爾去一趟南崁高中，到後來每週去，三天兩頭去，身為被攝者的黃斌除了得承受了學校、同學投射的壓力，還得隨時因應我突如其來的拍攝。

縱然紀錄片《1819》不是我第一支紀錄片作品，在此之前我已有拍攝的經驗，我仍然害怕拍不好，於是我用努力來掩蓋不安、逼自己逼得很緊，不留喘息空間，我常常想，像我這樣脆弱、自卑的紀錄片工作者，應該是很少。

我對黃斌的在乎，連他訊息回不回、回太慢，或是說太多不正經的話，都會影響我的心情，我的控制欲，扭曲了導演跟被攝者該有的關係。看了當時的日誌，那陣子我每週都去拍片，拍到後來我什麼也不滿意，還有好多篇幾乎都在抱怨黃斌，覺得他應該怎麼樣配合我的拍攝。

那年暑假，黃斌到學校參加暑期輔導，我也經常跟著他去學校，劇組告訴我，暑期輔導跟平日的課堂狀況差不多，拍了可能沒有什麼意義，但我還是執意要去拍攝。暑假期間黃斌除了上學外還有其他日常，只要他一則訊息丟給我，我就飛奔到現場去拍攝。當我結束拍攝，重新觀視過去的日誌、影像畫面時我才發現，我有時候並不是想拍紀錄片，只是想見到黃斌；因為害怕孤單、深怕朋友離我遠去，所以我總是用控制欲支配身旁的人，拍攝紀錄片時也一樣，只要太久沒看到被攝者，我便感到不安，此時的關係已經傾斜，也埋下後來爭吵、冷戰的伏筆。

紀錄片一點也不客觀，紀錄片工作者拿著攝影機，更是一種強勢的介入。

暑假輔導期間，我期待著有機會進到黃斌的家中拍攝，也託付黃斌要跟家人多溝通；連續好多天，都只收到許多不正經、敷衍的訊息或是洗版的貼圖，讓我十分惱怒，進家中拍攝的事情他更是隻字未提，於是我決定帶著攝影機直接去南崁高中堵他。黃斌除了會放我鴿子，也常常傳訊息騙我說他已經放學了，我跟他同學確認後才知道根本沒這回事。

一到黃斌班上，我跟他沒有太多互動，我看著紀錄片訪談集，一邊苦思如何把這部片拍完，到了下課時候，黃斌直接走向便利商店，沒有特別理會我，我在座位上看著遠處窗外的他，覺得沒有受到應有的尊重，愈想愈生氣，背著書包就這樣離開學校了，留下他與其他學弟妹一臉的錯愕。晚間我跟黃斌還通了電話，我的負面情緒湧上，黃斌則是繼續說著不著調、不正經的話，我氣得把手機摔在地上……

那時我正好請黃斌幫我書寫《十八後，成為你想成為的大人》的推薦序，黃斌的一字一句，像是提醒，也是預告，他已經感到不舒服。

「剛作為拍攝對象幾個月，我並沒有想太多，他說想跟我聊一些事就聊，想拍一些東西就拍，直到近幾個月開始，明顯感受陳毅工作狂的心態，拍攝我的次數愈來愈多，他口中的不要理我則變成假象……有時陳毅就像人格分裂一樣，一瞬間從活潑老人變成幼稚小孩，每次當他開始發瘋的時候，我就會開始不理他，不然就是開玩笑開爆他，因為面對一個像三歲小孩的人真的不是普通的累。」──（黃斌，《十八後，成為你想成為的

大人》推薦序，2019.11）

那陣子我不知道該如何處理與被攝者的關係，有一天我隨意告訴黃斌，已經有些人看不慣他的行為跑來跟我告狀，黃斌不斷追問我是誰，我不喜歡被逼問，完全不想告訴他。他便傳訊息告訴我，既然如此，那拍不拍《1819》沒差、幫不幫我寫推薦序也沒差。他後來持續打電話過來追問，我還是不打算告訴他，於是兩人便吵了一大架，他的話裡盡是敵意，凶了彼此，我即使口語逞能，心裡也不是滋味，我在拍他的紀錄片，要是因此他不讓我繼續拍，怎麼辦？要是，我們從此不再是朋友怎麼辦？

身為拍攝他紀錄片的導演、高中的學長、朋友，抑或是像哥哥的角色，我的身分重疊，拍攝黃斌像是拍攝當年的自己，每回凶了黃斌，就像是凶我自己，苦不堪言。

男生吵架，通常隔了數天便能和好，和好後我便陷入新的忙碌，同時我手上還有另一支紀錄片，我必須把部分專注力移到另一支紀錄片《伯公與我》上，幾乎沒有多餘的時間理會黃斌，那時候他還會跟我的被攝者「土地公」吃醋。

兩個月後我終於有時間去南崁高中拍攝，此時已隱約感覺到兩人的關係有些生疏，而我忙碌之餘也常常疏忽了分寸，在沒有知會黃斌的情況下，就跑到學校拍攝，他看到我的時候有點震驚、不習慣，而後的拍攝，問問題他會閃躲、打掃時間拍攝他他也躲我，甚至他不願意告訴我放學後他會去哪；運動會時我拿著攝影機過去找他，想拍黃斌的畫面，結果他自顧自跑來跑去，繼續躲我，當時我故作鎮定，實則內心極為尷尬又不安。我想起紀錄片導演吳耀東（1972——）曾經說過一段話：「你大概不知道，那時候在拍你，我有多麼討厭你，那種嫌惡感，是愈拍愈深，我以為我拿著攝影機，你就得聽我的，你卻不斷的欺騙我、唬弄我，我感覺你對我的輕藐，我感覺在你面前很不堪。」（吳耀東，紀錄片《Goodnight & Goodbye》）

然後，出事了。

學測倒數一個月，班上的讀書風氣提升不少，跨年這天也沒有不同。跨年前幾天我傳訊息問黃斌事情，不管怎麼問都只得到一個讚的貼圖，跨年當天我帶著器材衝去南崁高中堵他，放學前五分鐘，他看到我在窗外，下課鐘一響，他連聲招呼也沒跟我打，便往後門走去，我見情勢不對，趕緊衝了過去，叫了幾聲，他沒有理我。

「欸黃斌，你放學要去哪？」我追了過去，對著黃斌喊了一句。

「不告訴你。」他語氣平淡，繼續往前走。

「靠北喔！」我內心底罵了一句。

「你就這樣躲我喔，幹！」我又喊了一句，他無視我，繼續往前走。

教官吹了哨子，黃斌跟著他的隔壁班新朋友跑向學校對面，留我錯愕在原地。

沒有辦法拍黃斌，我只好跑去找柏諺，柏諺奶奶再度準備了溫暖的美食招待我們，讓我備感溫馨。當天晚上我回家陪家人跨年，電視節目上歌手輪番上陣，我完全無心觀看，心裡只想著，我的紀錄片該怎麼辦？

從這天之後，儘管我還是持續拍攝，黃斌一句話也沒有要回我，看到我也面無表情，我到處求助，找了他的同學、朋友、教官，甚至跑去宮廟問事。原先設定好要拍攝學測，黃斌卻跟我吵架、冷戰了，這下完全無法拍攝了，我也因為龐大的壓力跟挫折感，深陷憂鬱，難以自拔……

對話與和解：紀錄片導演沒有這麼偉大

跟黃斌的爭吵轉變成長達數個月的冷戰，讓我沉浸於自責、無奈、苦悶的情緒裡，劇組人員無力幫我解決這個問題，我便經常到桃園龍德宮問事，希望找到解決的方式。後來學校的主任教官華國舜幫了大忙，他把黃斌找去聊了一陣子，傳了訊息給我：

「初步跟黃斌談完了，幾個重點導致他忽略你……要拍攝時沒有先跟他約好，突然的出現拍攝，讓他有點錯愕，他說有跟你說過，但你可能比較忙，後來還是這樣處理；他不知道你要拍什麼，拍他應該按照他既有的生活模式去走，這才是紀錄片，而不是有出現偏向劇情片的方式，要他如何配合你拍攝……他說如果這些改善了，他還是會配合拍的。」

數個月沒能改善的關係，山窮水盡之際，竟然出現轉機。數天後我透過教官協助，約了黃斌見面一談。我坐在約好的地點「校史室」，看著玻璃反射的自己，竟然有些憔悴。

拍紀錄片有需要弄成這樣嗎？紀錄片的不可捉摸，有時是驚喜，有時則是折磨，我清楚知道這些，卻仍然無法自拔的繼續在這條路上走著。

中午午休時間，黃斌依約前來，我們相視而笑，我難掩尷尬，硬著頭皮發話，頭一句話便是道歉。身為我的被攝者，黃斌承受了難以言喻的壓力跟觀視，我卻鮮少顧慮他的感受，我述說了這些日子的心情，也承諾我會好好思考、調整，最後我還是誠懇的道歉跟致謝。

他的態度軟化不少，嘴裡還是說著一些不正經的話，但他的前來，總算讓這個僵了三個月的關係有了轉機。

我自己很喜歡臺北市紀錄片從業人員職業工會出版的《愛恨情仇紀錄片》，裡頭採訪了許多中生代紀錄片導演，其中一位導演李中旺，他提及紀錄片不是你導演一人的意志可以完成的，它跟劇情片不一樣。所以紀錄片是拍攝者跟被攝者共同完成的（此觀點顯見其深受小川紳介導演影響），導演對於紀錄片應該是謙虛的。

與被攝者關係的拿捏，是拍攝紀錄片過程中的一個考驗，我在紀錄片拍攝過程中認識了一位導演，這位導演在業界已有十多年的拍片資歷，都是劇情片為主。他曾經跟我提到他害怕拍紀錄片，因為必須進入彼此的生命，紀錄片導演拿起攝影機，在田野調查階段、實際拍攝階段，擁有特權強勢進入與了解被攝者的生命，無可避免的，即使再小心謹慎，仍然會對彼此生命產生影響，還得交換生命的故事跟靈魂。

過去我們少有機會深刻的跟人相處，對於未知的事物，總是帶著恐懼跟排斥。紀錄片導演，或稱紀錄片工作者，多半具有高度的內省、思辨能力、敏感的觀察力，這個能力會讓紀錄片工作者能快速分析人的內心。有了這個能力，仍要認清楚你仍是人，不是神，是沒有辦法違背紀錄片倫理、太過強勢介入被攝者的生命，雖然拍攝紀錄片原先就會產生蝴蝶效應，但有些刻意，是不該出現的，例如金錢關係、要求被攝者演出。我認為紀錄片導演沒有這麼偉大，它不過就是個職業而已，善用這個契機，努力傾聽被攝者的話語、感受彼此的生命，誠懇的把對方真實故事經過藝術的創造、呈現，就像蔡崇隆導演說的：「如果說紀錄片有什麼一定不能的話，就是一定不能為了自己的目的去傷害被攝者，如果這一點都做不到的話，就不要拍紀錄片。」

就快喘不過氣

以前聽人說，創作的過程中哪有不水深火熱的？拍攝紀錄片這兩年資金常常出現困難，劇組人員有時候也需要適應、磨合；被攝者跟我的關係又常常失去控制，每一件事情都逼得我喘不過去，創作讓我找到活著的方式，卻也一度讓我接近死亡，期間更進了兩次醫院，可是這是生命裡難得不用妥協的一刻，如果開心的話，就沒有放棄的可能，縱然憔悴、不堪，仍然在心裡笑得燦爛，覺得再辛苦只要熬過就好，黑夜的盡頭便是天光。

做很多事，不但少有人理解，還會被潑冷水，於是我漸漸不再花時間解釋我是誰，而是將心力花在行動上。

在拍攝紀錄片《1819》的過程為期兩年，拍攝資金十分缺乏，後製資金亦是挑戰，我們在 flyingV 平臺發起募資計畫，發起後同樣遭遇不少酸民的攻擊、嘲諷，有網友說：「不是沒錢嗎？怎麼還有錢投放廣告？」也有網友用嘲諷語氣說：「真厲害，什麼沒錢都可以用募資」、「自己用威力導演剪一剪就好了啊，幹嘛還募資？」

團隊夥伴很受挫，我則第一時間站出來為作品擋下所有的攻擊跟不實的謠言、攻擊，投放廣告的錢不過才幾千塊，是為了讓這個紀錄片被更多人看見；如果不是真的需要這筆後製資金，且這個紀錄片的議題對臺灣是重要的，我們絕對不會走上募資計畫；至於為何不自己用「威力導演」剪輯？這個非關剪輯軟體，而是一部重要的作品，我們請到的剪輯師是業界專業人士，這反映了我們對紀錄片質感的堅持。因為我深愛著這部作品，我不能讓它、劇組團隊的辛苦受委屈。

這幾年我幾乎年年都會遇到幾位酸民網友，找各種理由潑冷水，歸咎原因有數種，包含自己沒有辦法達到這樣的事情，覺得吃味；抑或是看多了社會上的醜惡，就認為所有人都是如此，這是非常不公平的。酸民這種生物，顯然是時間過多，有機會評價我們，也許讓他感覺到很優越，明白這種心思，我便不浪費時間去陪他們了，真正成熟的表現就是承認自己不被所有人喜歡，無愧於心的話，沒有掌聲也應該繼續走。

二〇二〇年下半年，發起募資計畫後我跟團隊到處奔波，每天也要在線上關注募資頁面上數字的起伏；那陣子作息不正常、飲食時間不固定，忙課業也忙事業，身兼大學生、導演、製片、記者、宮廟的直播組長、宮務執事人員，忙到焦頭爛額。忙碌到後來，我天天服用靈芝膠囊補身體，整整一年沒有感冒，身體所累積的慢性疲勞卻開始反彈。那陣子氣溫驟降，我的心臟、胸腔開始有些異常，時常覺得不太舒服，那樣的不舒服卻無具體的症狀，讓我感到憂心。我趁一天有空檔，趕緊到桃園的一間醫院心臟科就診。

即使已經網路掛號了，仍是等了兩個小時，醫生聽診、問了症狀，安排我到心電圖室照心電圖檢查，初步看了心電圖，卻沒有特別的症狀（我應該感到高興），醫生提到氣溫驟降、作息、飲食、心情起伏，都有可能造成不舒服，他開了心臟的用藥讓我帶回家，以備「不時之需」。此後我隨身帶著那包藥，還不忘提醒我的同學說我的藥放在哪。看了醫生，仍然處在高壓的狀態，心臟、胸腔的不適當然沒有好轉，仍是三天兩頭不適，天性杞人憂天的我，也漸感事態的嚴重，只好再請劇組人員載我到臺北一間心臟權威的醫院就診，同樣有許多程序，同樣照了心電圖、超音波，醫生看過也覺得沒有大礙。想起紀錄片募資如火如荼進行，後製更是箭在弦上，我可不能就這樣倒下或出事，這兩年拍攝紀錄片，苦難比快樂還多上數倍，卻沒想過要放棄，因為我快樂、我自由、我幸福啊！人生最難得的是，出於自己意志，為夢想付出，摔倒了也會笑得很豪邁。

PS.：看到這，我的親友一定會想打我，說我太不愛惜身體。我基於對人世的眷戀，在兩次就診後，便開始調整自己的作息、飲食，果真心臟、胸腔的不適頻率降低不少。寫這篇不是要強調自己拍片遇到多少苦難，而是提醒自己，我曾經這麼勇敢，在深邃的黑夜行走。不管在哪個時刻，誰為我點了盞燈，我都要用一輩子記在心上，人生有那麼一刻很光亮，像遇見你的時候。

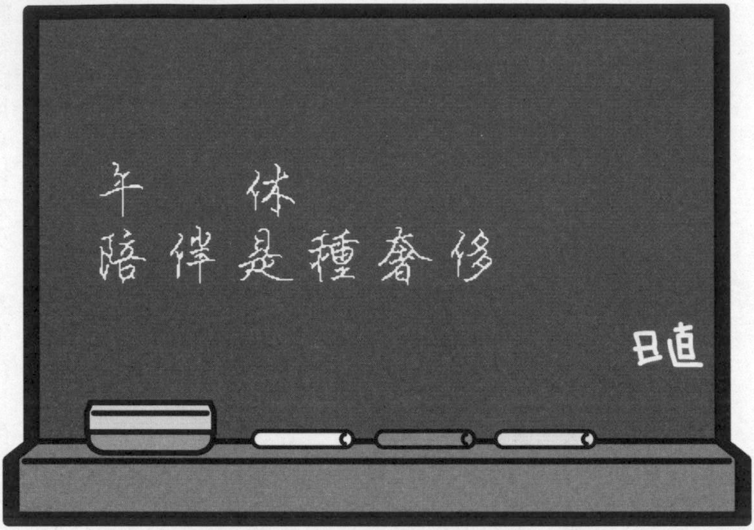
年 休
陪伴是種奢侈
旦直

有祢我不怕，信仰是強大的力量

一邊拍攝紀錄片，一邊在學校上課，我仍然撥空在兩間宮廟服務，這讓許多朋友感到好奇，一個年輕的影像創作者，怎麼會有這麼堅定的宗教信仰？

仔細探究我跟信仰的緣分其實從小就開始累積，家中神明廳供奉著太子爺、天官財神、濟公禪師，小時候每天起床、睡覺前都要先雙手合十跟神明問好，早餐如果買的是麵包，也得先放到供桌上請神明先品嘗。小時候我常常作噩夢，弟弟後來跟我抱怨說我常常半夜就坐在床頭，還故意哭得很大聲，想引起爸媽注意；有時候爸媽在外工作，深夜尚未到家，我都會打電話給我媽說我作噩夢了，她無法在旁安慰我，就會請我去神明廳拜拜，拜完後好似得到了一絲安全感，便能安穩睡到天亮。

回想就讀小學時，我對民間信仰、道教科儀充滿好奇，基於對鬼怪的害怕，我會到圖書館借閱許多道教書籍，例如介紹道教符咒、寺廟建築等書籍，愛看鬼片，也喜歡收看電視上任何講述鄉野傳奇的節目；國小二年級後搬家，新家的神明廳位於家中的五樓，早上都需要敬茶、燒香拜拜，這個工作就成了我每日清早的任務，至今沒有中斷過。

以前每日上樓敬茶、燒香拜拜只是例行公事，我並沒有太多的心得，眼前這三尊看我長大的神明，跟我的連結又在哪裡？實際在廟宇服務前，我對為何拿香拜拜，甚至眼前的神明，都一知半解，更不用說有多相信。我想許多年輕人會燒香拜拜，多半是家人帶領，也有許多人只在有需求的時候才願意雙手合十祈求神明幫助，我想要一個人真正能理解信仰，進而相信、虔誠參與其中，仰賴的便是緣分了。

二〇一八年下半年，我正在剪輯紀錄片《山會帶恩轉屋》，剪輯助理的家剛好就在蘆竹、桃園的交界處，我騎車行經富國路，見到橋下有一間宮廟，停了非常多車輛，信徒陸續走進去參拜，宮名叫「龍德宮」。我想起一些伯父、阿姨、許多地方仕紳，每年都會去龍德宮參拜，還有些人會一同參與徒步遶境，我見這間宮廟外型僅是鐵皮屋搭建，到底是多麼靈驗，總能吸引這麼多信徒前來？

我騎車停靠在廟埕，也走進去參拜，離開前我取了一個平安符，掛在摩托車上。

過了一個多月，我在中壢青昇路自撞護欄，摩托車龍頭全毀，整個人摔到土堆裡，安全帽裂開，還割到了嘴唇，全身被撞，非常疼痛，進了急診室，檢查後卻沒有大礙。我沒有多聯想，機車行看到車子撞成這樣，驚恐的問我家人說，這臺車的車主……沒事吧？車子花了很多錢重新修理，我看著龍頭上懸掛著桃園龍德宮的平安符，隔了一年，才知道那是四媽祖對我的守護。

隔了一年後，有一回我從南崁高中離開，正要回到公司休息，一個念頭告訴我，好久沒有去龍德宮參拜了，那便順路繞過去。

到達龍德宮時方知這天剛好是 天上聖母四媽祖辦聖事的日子，桃園龍德宮最為人稱道的就是 四媽祖辦聖事、指點迷津非常靈驗，我便拿了號碼牌，頭一次前來問事，由於信徒眾多，我等了快兩小時才輪到我進到內殿問事。穿著整齊、一致紫色服裝的義工們引導我入內殿，四媽祖拿起令旗在我身後敲敲打打，這是在為信徒巡身體，敲打的力道不小，敲打後信徒都感到通體舒暢、鬱結的氣都獲得疏通。那時我公司剛完成營利事業登記，才剛起步，我刻意試探四媽祖的問事是否準確。

四媽祖拍了拍寫有我生辰八字的問事單，用堅定的語氣告訴我：「沒問題，你具備這樣的才能，你也有貴人，可以說具足。」四媽祖說完，我嚇了一大跳，因為這是一間剛登記完一個月的公司，四媽祖的話，無疑給了我一劑強心針，後來的一年內，公司的營運果然很順遂。

那天四媽祖託付義工學姊帶話給我，祂說我的才能剛好可以幫助到四媽祖的聖業，希望我在宮裡服務，我幫祂，祂也幫我。從此之後，只要有空我便前往龍德宮，也開始在龍德宮文宣課服務，先運用了自己記者身分，協助宮裡報導，或是媒體聯絡；期間我也在宮裡拍攝了一支十分鐘的紀錄短片。

擔任義工後，我也參與了庚子年的徒步遶境，在過程中參與宮中重要的陣頭「金龍陣」，也跨到媒體推廣組，擔任直播的小編，十分忙碌、也非常充實。

結束徒步遶境後，有一回我在宮的外頭被叫進去內殿，四媽祖點選，請我擔任直播組組長，我嚇了一跳，因為我非是直播這塊的專業，但祂既然點了我，便有其用意，我便接下這個職務，開始了我真正投入服務聖業的生活。

真正投入聖業，其實是十分疲累的，支持我的信念源自於好幾回四媽祖對我的幫助。

印象最深刻的是，那時候跟前女友的感情遇到瓶頸（詳見〈第五節愛情課〉），我在內殿哭得稀里嘩啦；在紀錄片拍攝上，我跟被攝者的關係出現問題，四媽祖都給予我很大的協助，我始終相信祂一直聆聽著我的祝禱、看著我與團隊的努力，只要我堅持善良，上天必定會給善良的人機會。

那時候對這部紀錄片的製作很沒有信心，一回我在內殿求籤，竟然讓我抽到了上上籤：「我本天仙雷雨師。吉凶禍福我先知。至誠禱祝皆靈應。抽得終籤百事宜。」也讓我的團隊有一股信念繼續向前走。

臺灣的民間信仰豐富多元，拜土地公、媽祖、王爺的廟宇到處有，桃園更是土地公廟密度第一個城市，拜二郎真君的宮廟，就少有人聽聞了。「二郎真君？是西遊記裡那個二郎神嗎？」、「拜財神可以發財，拜二郎神能做什麼？」

我另外一間服務的宮廟桃園承天宮，便是以二郎真君為主祀神明的宮廟。在進到這間宮廟服務前，我根本沒想過會有二郎真君的廟宇存在於桃園，因為真的沒聽過，起初是我爸媽開始常去那拜拜，說是朋友介紹的，當時我還想說他們怎麼這麼迷信，很不以為然。

這間桃園承天宮，雖然開宮僅有四年，二郎真君開辦聖事，卻已有二十多年的歷史，宮主許瑞松來自彰化，平日以包肉粽、製作碗粿為業，工廠就在承天宮的內殿後方。剛開始前去，只是因為跟著爸媽前往，自己並沒有太大的興趣跟意願。承天宮每週日有辦聖事，我便在壇前觀察數次，再到自己跟神明互動，我也是同樣在試探這間宮廟，是否值得相信。

真正讓我信服的是宮裡辦聖事前要操練手轎，神明會附在手轎上，讓手轎有不同程度的搖晃，有時激烈有時緩慢。我自己在拿的時候感覺不大，且半信半疑，有一回公司員工剛好來參香，我便請一位從來沒有來過的員工跟我拿手轎，他從來沒看過手轎，更不用說知道神明如果靠近，轎子會如何擺動。跟他拿的時候，轎子竟然開始前後搖動，把我嚇了一大跳，我心想慘了，這世上還真的有神明存在。

又有一回，有一位信徒身上卡了嬰靈，一進來內殿狀態奇差，鬼吼鬼叫，二郎真君便與這道嬰靈談判，嬰靈附身上那位信徒身上，手腳都大幅擺動，我那時已經是內殿筆生，頭一次見到這種「特殊狀況」，我躲在神像前面，看著眼前的談判過程。神明慈悲，也遵守著一定的程序，是不會隨便將靈體消滅，多半是用談判的，嬰靈仍然是鬼吼鬼叫、褻瀆神威，二郎真君拿起祂歷史悠久的法寶「翻天寶印」先壓制，一蓋到信徒的身上，瞬間竟然是淒厲的哀號聲……二郎真君常常告訴我們，不說神蹟、不談神話，蓋不蓋廟是其次，重要的是要讓世人了解道的真義、找回初心。

從質疑信仰到現在每週都在宮廟服務，我努力記錄傳統宮廟文化，它會是臺灣重要的文化資產，更重要的是可以相信、不能迷信，注入年輕色彩來讓更多人認識。每一種信仰，雖然信奉的神可能有所不同，大抵都是教人為善、給予心靈寄託，在神明面前我可以不完美、我可以脆弱、坦承自己的所有缺點，因為我知道，倒下時有人會接住你，我便努力走好自己的路，即使前路崎嶇難行，有祢我不怕。

成就片子的人

一部耗時兩年拍攝製作的紀錄片，最後要花費的預算竟然趨近一百五十萬，一群大學生哪來這麼多錢？沒有人有義務幫助你、給你掌聲，因為這是你的夢想，即使沒有任何人理解，你也沒有資格放棄。從高中在校外推廣文學，到後來的獨立媒體，再來的紀錄片，每一年都很幸運，能遇到非常多貴人，他們多半是有名氣、有威望的大人物，或是事業成功的企業家，願意傾聽年輕人的想法，給予適切的幫助，今天如果這部片子能完成，都要謝謝許多人成就了這件不可能的任務。

贊助這部片的企業單位眾多，分別在拍片初期、後製階段給予幫助。拍攝起初，我帶著一份很不完整的企畫書一間一間企業去拜訪，先從熟識的團體去找尋適切的企業，跑贊助重要的是要換位思考，要給合理的回饋，讓企業看得到前景。謝謝臺灣重要的精品雨傘品牌——國巨洋傘欣業有限公司李銘智董事長；將科技產品年輕化設計，引起風潮的——威瑪智能科技有限公司曾榮汶董事長；我們常笑稱其為中東王，來往杜拜、全世界貿易、近年來推出稀有冰山水熱銷的杜臺貿有限公司黃怡舜負責人；從高中時就大力支持我的——國際同濟會臺灣總會桃園區主席胡家智；號稱中壢周杰倫、以實際行動幫助年輕人築夢的市議員彭俊豪；國內重要倉運公司、長期支持文藝的世聯倉運文教基金會黃仁安董事長，以及給予龐大拍攝製作補助、長年幫助青年圓夢的「台積電青年築夢計畫」，在這部片子才剛開始拍攝，他們就願意相信陳毅與我帶領的年輕劇組團隊，給予的贊助款是這部片的地基，是最基礎，也是最重要的一股力量。

有了穩固的地基，再靠著台積電青年築夢計畫給予的重要資源（幾乎占了拍攝預算的五成），我們嚴謹的運用每一筆資源，將它花用在最需要的開銷上。後期我們發起後製募資計畫，除了非常多的民眾有錢出錢、有力出力，還有非常多單位參與其中。包含政府、民意代表：桃園市政府青年事務局、市議會議長邱奕勝、議員張桂綿；基金會、協會：財團法人德修宮文教基金會、南崁高中家長會、桃園市家長會長協會、桃園區家長會長協會、大園區家長會長協會；企業單位：明蓮企業有限公司、輝迎車業有限公司、楊正股份有限公司、元翎精密工業股份有限公司、美兆科技有限公司、合順聯合醫學集團、恆欣人力資源管理顧問有限公司、和光工業股份有限公司、峰聖貿易有限公司、臺灣鳳月堂——果樹園有限公司、福康牙醫診所、鈞銘電子股份有限公司、徐瑞燦建築師事務所、維將科技股份有限公司。細數後製階段參與、贊助的企業數量非常驚人，每個階段不同的企業、單位，累積一筆筆贊助，只為了對教育的重視、對青年拍片的鼓勵，也許對企業來說只是非常小的金額，我卻將每一筆都記在心裡，時時刻刻提醒劇組人員，再苦再挫折，我們都要熬過去，承載著許多人的期盼，讓這部片順利完成。

謝謝這些日子，我們一起走過

現在這個時代，人手一機，大家都可以拍片，有許多導演更是一人承擔所有的工作，導演兼製片兼攝影兼剪輯兼非常多事務，不過紀錄片《1819》得天獨厚，擁有一個陣容堅強的劇組團隊。在企畫階段，劇組人員只有三個人，到了後製階段已經是個十三個人組成的團隊，我們分成數個組別，其中我自己帶領的製片組人數最多，工作量也最大。

我在外演講時常常被問到，如何找到一起築夢的人？靠的是錢嗎？

其實關鍵在於掌握核心價值跟理念，就算沒有錢、錢很少，也會有人追隨你。要的不是多空泛的願景，而是那份為夢想付出努力的心意，說起話來充滿力量，也能吸引志同道合的人。我的劇組人員來自不同的縣市、不同的大專院校，他們有幾位是我的公司員工，有的是各個時期的朋友，有的是學長姊，或學弟妹。例如：

美編組的冠銘，其實是我國小三年級到六年級的同學，畢業之後失聯好多年，到了前幾年又重新聯繫上，發現他具有設計、美編的長才，便延攬到劇組幫忙，他設計出來的東西往往讓我們驚豔，他曾經告訴我，一個會設計的人不是只需要會操作軟體，還得要有想法，這都仰賴平日培養藝術美學；製片組的執行製片承靖，是黃斌班上的同學，因為好奇這部片子，慢慢跟我聯繫，也開始在劇組幫忙行政事務；剪輯師治德，是我在桃園城市紀錄片培訓認識的同學，是知名的導演、攝影、剪輯師，應我的邀請擔任這部片的剪輯師，除了剪輯的專業外，也常常與我對話、激盪新的觀點；其他如協助空拍的沛動、製片助理沛儒這兩兄弟，則是在桃園龍德宮認識的義工，理念相同、意氣相投便一起來幫忙我。

每個時期，我有不同的夢、有許多想做的事，便好好述說理念讓適合的人明瞭，我對身旁的人都有留心、也不斷物色適合的人，如果劇組有需要的話，便能派上用場。劇組人員幾乎都是學生，我給他們很大的空間發揮，也尊重他們的專業，更是發自內心相信，只要給他們機會，他們會做得很好。

當我的劇組夥伴，是滿辛苦的，因為我從來不認為學生劇組的格局跟水準，只需符合這個年紀，我總是要求劇組人員，一定要用業界水準，我是如此看待作品，企業跟社會大眾才能感受得到我們是玩真的。劇組人員陪我嚴謹在每個細節上，也在我拍攝遇到困難、經費不足、被酸民攻擊時成為重要的陪伴跟後盾。

從高中創辦文學社團，後來創辦獨立媒體、籌組毅然文創媒體工作室，到現在的劇組團隊，每一個時期的夥伴皆會有所變動，身為領導者看著每一次人事調整，總想起每一位夥伴都是帶著熱忱進入團隊，後來他們基於各種原因，也許是任務完成，又或是有其他的規畫，便離開了團隊。《玩具總動員4》裡頭有句名言：「因為離開你的人愈來愈多，所以留下來的人就愈來愈重要。」（As more and more people leave you,the more and more important those who remain become.）正好符合我的心境，我不擅長處理與人的關係，常常讓以前很好的朋友因為誤會或是理念不同離去、趨於平淡，關係變得窒息，我又沒有勇氣去解決，如一灘死水，我的個性古怪、追求奇特，對夢想的嚴謹跟固執也考驗夥伴的抗壓力，因此我常常跟劇組夥伴謝謝，謝謝他們願意花時間傾聽與理解，並陪我走生命裡很重要的一段路，會陪我走多久我不知道，但曾經的相遇與陪伴，在婆娑世界、茫茫人海中，便是難得了。

陪伴是種奢侈

在紀錄片《1819》殺青後數個月，我約了黃斌來公司訪談，這天我也打算把拍攝製作兩年的所有心事一次告訴他，他坐在我公司的一角，我則用棉被罩在自己身上，一邊操作攝影器材，這時我已不慌不亂，用平靜的口吻與他說話——

我問：「那你覺得陳毅如何看待你？」

黃斌回答：「我不知道，親弟弟吧？他對比較不熟的人就是比較不會這麼客氣，然後對熟的人比較客氣，差不多就是這樣，尤其是身邊的那群人。」

問：「他對身旁的人有比較客氣？」

答：「很多方面啊，其實你一直在，就像兄弟一樣去罩著人家的感覺，一直都有這種老大哥的感覺。在我這兩年看來，你對外人真的會有一層保護色。」

問：「你有試著去了解陳毅的心境嗎？」

答：「幹，他真的負面的時候我也不想看啊，我會覺得我會被他帶入太負面的情緒，經驗值增加了，就不會想要一直去了解人家負面的東西，就會覺得很累。」

問：「我想問的事情是，其實很多時候你都比平常人都聰明一些，你大有很多機會你可以直接不理陳毅，讓他的片子拍不完啊，那你為什麼要理他？」

答：「因為這是他想要堅持完成，他自己想要的作品，就是我會覺得我自己是有一個責任，讓他好好拍完、然後讓他把作品完成。我覺得，好吧既然你都記錄了，那就陪你弄到底。加上我也會想要去看一下、去參與一下他想要做什麼事情，因為我沒有接觸過啊。」

問：「因為我想依你的聰明才智，你要把他甩開的是應該還算滿容易的，他大不了氣兩個月換個題目就好。」

答：「我知道那是對你來講怎麼樣的東西，然後你也投入很多心力去，想辦法完成它，甚至說不用完成，就是你享受它的過程，享受那個過程，其實就很重要了。」

這一次的訪談我用了新的方式，我把自己稱為「陳毅」或是「他」，好像我是採訪黃斌的第三者，並非是陳毅，這樣反而讓彼此能舒服的談話，我們更了解陳毅，也了解黃斌內心真正的想法。黃斌大多數時候都是說著皮調的話，而且不太思考就丟出答案，唯獨上面列舉的幾個重要問題，他的回答讓我起雞皮疙瘩，後來重新觀看當天的訪談畫面，我邊看邊哭。我拍黃斌近乎兩年，他對我的理解可能還勝過我，我常常在反省自己，我是為了拍片拿起攝影機，還是真正想了解黃斌的生命？黃斌提出了好多新的觀察，也讓我更了解自己不同的樣貌。

這兩年與黃斌相處，讓我的心情起伏不小，時而高興、感動、時而又生氣、悲傷，我了解拍攝紀錄片原來如此有挑戰性，卻也沒有放棄，走到最後，才發現我是個很脆弱、不完美、時常耽溺、負面情緒又常常湧上的紀錄片工作者，黃斌心裡有數，卻從來沒有在拍攝過程中戳破，他大多是忍耐、忽視，讓他這麼不舒服的拍攝，他大可以掉頭就走，他卻在我道歉後繼續陪我完成，我知道他嘴巴壞，也很容易害臊，但他對這部片的心意，我跟劇組人員都看在眼裡。

一部紀錄片的拍攝，從頭到尾都是課題，最後一個課題是說再見。就像過去拍攝每一部紀錄片一樣，我不可能永遠陪在被攝者身旁，從密集拍攝到殺青、結案，我們的關係從熱絡到趨於平淡，也是讓關係回到原點、不會造成負擔。這兩年的拍攝製作，彌補了我慘白的高中生活，讓我擁有五年的高中生活，過去的種種都已離去，保留在紀錄片裡的悲傷、快樂，都會成為永恆。

「謝謝陳毅曾經出現在我的青春，雖然我還是沒有把我的一切呈現在鏡頭前，但我應該還是有符合陳導的預期吧？大家都長大了，感覺這部紀錄片不會是最精采的，但精采的記錄高中時候的我。」——黃斌

對了，謝謝你，黃斌。你可能忘記，你曾經告訴我，你覺得這部片不會影響什麼，未來的高中生依然會在教育裡迷惘，我回答你說，影響什麼，本來就不是這部片的目的。你又問我說，那這部片的目的是什麼，我沉默了一陣子，才緩緩說出口：「我希望能用紀錄片，讓我很在乎的人事物，成為永恆。」不用理由，記錄本身，就擁有意義。

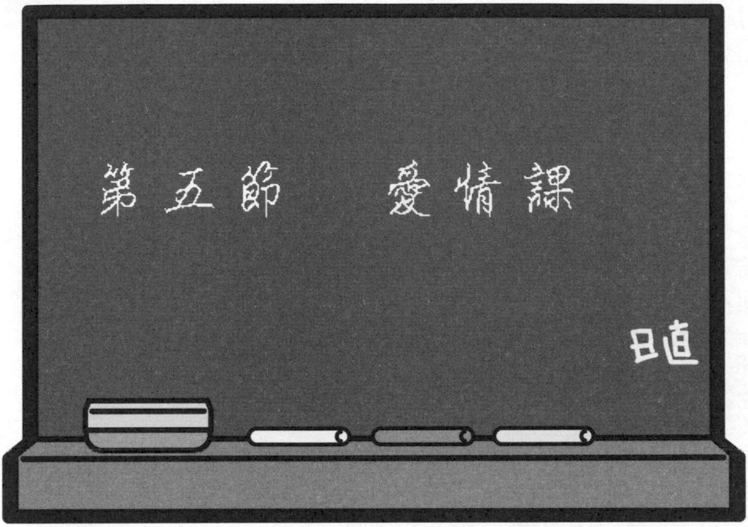
第五節　愛情課
日值

不求回報單純的喜歡

當初在規畫這本書的時候，我告訴朋友說我想花一點篇幅來寫愛情課，朋友們輪番嘲笑我，他們說我實際談過的戀愛少之又少，哪有資格寫愛情？

在出版上一本書籍後常有機會到各縣市、大專院校、高中職演講，如何讓喜歡的人喜歡你？這個年紀該談戀愛嗎？為什麼在關係裡總是受傷？喜歡同性別、喜歡年紀比你大很多的怎麼辦？各式各樣的問題湧上，除了現場提問，更多的是私底下與我對話，我才發現，在我們成長過程中，幾乎沒有人教過我們如何談戀愛，只有那些耳提面命的提醒跟規範，為的是避免我們不受傷。只追求不受傷，未免也太消極，於是我將透過這個章節，分享我在愛情裡許許多多的觀察，有的是自己的故事，有的則是朋友間的例子。

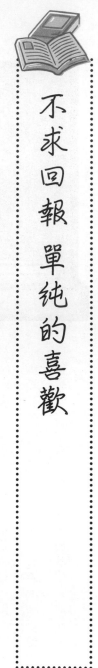

有一回我在整理家裡的儲物櫃時發現了國小四年級的作業簿，裡頭有校外教學的照片跟文字記錄，我用零亂的筆跡，在上頭寫了自己喜歡的人的名字。想起那時候我跟班上的女同學H在課堂上、下課時都在聊天、傳紙條，當時對喜歡完全沒有概念，只是每一回見到彼此都覺得很滿足，分組時分到同一組、下課時她往我這走來，或是對我笑了一下下，一整天的心情都特別好。

H在國小四年級就轉學了，說是要搬家到屏東去讀書，離開學校時我依依不捨，她留下了一串電話號碼，說以後可以打給她。捏著這張紙條，趁爸媽不在家時，我就鼓起勇氣打去給她。「……喂你好，請問是○○○的家嗎？我是她的同學……」當時接起來的就是她，反而讓我嚇了一跳。我跟她炫耀了這學期學校發生的事情，然後在電話掛斷前，說出口：「其實我很喜歡妳。」

說出口後，我記得她沒有說些什麼，我就把電話掛斷了，距離當時也十年過去了，她家裡的電話號碼奇妙的還記在我腦海裡。那時候說出口的喜歡，是不是真的喜歡倒也不那麼重要，那句「其實我很喜歡妳」，只是說出自己的心意，對於彼此是否能成為男女朋友，一點期待也沒有，也不曾想過交往是什麼意思。

有一種喜歡，是沒有任何目的，是很貼近自己的心，說出口卻不強求對方回報，是舒服的關係。現在的我們都知道把喜歡說出口是什麼意思，常常是希望彼此的關係能獲得確認，能有新的名分，可以牽手、擁抱、可以依靠，目的性一旦太強就會變得貪婪，阿德勒心理學提到的「課題分離」其實就能有好的解釋，喜歡她／他是你的課題，她／他喜不喜歡你又是她／他的課題，兩個人的課題不應該互相干擾，我覺得這樣的精神是你永遠有資格喜歡別人，對方喜不喜歡你是對方的事，享受過程，不要為了結果得失心太重。

那些到處亂學的情書

二〇一九年出版《十八後，成為你想成為的大人》後，讀者對於我國中時寫情書告白的事情印象深刻，很訝異都什麼年代了哪有人這樣告白？國小畢業前，我幾乎每年都喜歡一個女生，還都是安親班的同學，就是那種日久生情的概念。那時候我也是很瘋狂要表達自己的心意，寫過很多封情書，還把當時八點檔的片尾曲歌詞改成對她的告白，字字句句都有些肉麻，當時的創意十分粗糙，收到的人常常不知該哭還是該笑。

那時候因為不知道對方會不會喜歡我，常常為此焦心，後來失戀的我甚至寫信到輔導室抒發自己的心情，輔導室的信箱還會回信安慰我，告訴我沒事的，這個年紀該好好讀書、寫作業，先別想太多，長大後就會有（最好是長大後就會這麼順利？）。國小不了了之，做了一堆奇怪的事情，情書上還會亂亂畫圖，或是貼貼紙，創意十足。

到了國中，這三年我只喜歡補習班同學「馬尾女孩L」，詳細的故事我已經在《十八後，成為你想成為的大人》的第一章寫畢。國中一年級我不知道該如何表明心意，在同學鼓譟下只好用信紙寫了情書，最後一句話還硬要抄襲電影《那些年，我們一起追的女孩》臺詞：「You are the apple of my eyes.」（有「情人眼裡出西施」的含意），結局當然是失敗收場。我想每個年紀的學生都不乏情場好手跟那種超級菜鳥，情場好手，長得帥、身材好、懂穿搭，告白方式可能就是當場告白或是用訊息；而我們這種超級菜鳥，經驗值零，靠得都是一群同樣經驗值零的軍師團獻策，長得普通（還不到醜的境界），身材普通，不懂穿搭（當時我們這群乖學生，褲子鬆垮垮的還是不知道要去改），告白方式因為害羞，永遠都是電視、電影上亂學模仿一通。

沒有人教我們何謂欣賞、何謂喜歡，甚至愛的境界有多高，我們就順著這樣的好感往前衝去了，摔倒時沒人教過我們爬起來，只好撫著傷口默默哭泣。

想起從國小開始到國中的每一封情書，都承載著我對愛情的期待，也許是錯誤的、荒唐的、不切實際的，卻是一分純粹、可貴的心意，哪像現在顧慮東顧慮西，包袱多，卻連踏出一步的勇氣也漸漸沒有了。

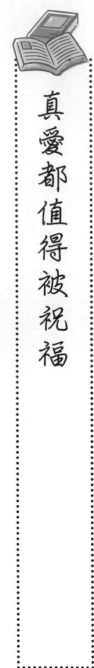

真愛都值得被祝福

國中時，我第一次發現，原來這個世界上有同志族群，當時如果那個班級有這樣性傾向稍微不同的同學出現，班上都會起鬨，我也常常跟著講幾句。因為不了解，班上同學都覺得這樣很噁心、很怪異，更甚者還會用排擠、霸凌的方式去對待。對於臺灣性別平權具重要性的葉永鋕（1985—2000）事件，便是反映了校園內，對於不同性別特質、性傾向的同學缺乏了解、尊重，理由如果僅是，他跟自己不一樣，所以奇怪，這樣的論點才荒唐，因為有一天我們都可能在特定的領域或時刻，成為少數的一群人。

在升上高中後，我閱讀了更多書籍、認識更多新的同學、朋友，其中不乏LGBT族群的朋友，透過對話、相處，我才發現自己過去有好多觀點都是無知、歧視。這些朋友，他們勇敢追求自己愛的權利、敢於向外界說出自己的理念，他們同樣來上課、同樣會生氣難過，在各式表現上跟我們哪有不同？後來更熟後我有機會便會跟他們提到，以前我也加入起鬨的行列，真的覺得很羞恥。他們紅了眼眶看著我，告訴我那是因為我還不了解，所以沒有關係。

我看著這群朋友用不同的方式爭取他們要的婚姻自由，常常覺得他們懂得傾聽內心的聲音、為其付出行動、不畏他人的奇異眼光、奮不顧身為愛努力，這樣的勇敢，他們是真正活著。

在三讀通過專法前，經過了許多程序，包含連署，在那期間我剛好經過桃園火車站的連署點，趕緊參與一下，連署通過門檻，公投那天我也去投下一票，每一個人的一張票，都是讓彩虹出現在天空的關鍵。集合許多人的努力，二〇一九年五月十七日，立法院會三讀通過司法院釋字第七四八號解釋施行法，保障相同性別二人可向戶政機關辦理結婚登記，這也讓臺灣成為亞洲第一個同性婚姻法制化國家，許多朋友在立法院外頭激動相擁，大家一邊哭一邊笑，我在電視機前看得入迷，覺得這一刻的臺灣很美。

雖然專法已經通過，臺灣人仍普遍對於 LGBT 族群不甚了解，甚至言語上的歧視十分嚴重，我朋友還問我說把這個議題寫進去，到時候書賣不出去怎麼辦？書賣不賣得出去不是重點，我要強調的還是在了解不同性別氣質、性傾向、性別認同之前，我們不應輕易評論，否則無心的一句話可能變成歧視。

除了性傾向外，喜歡年紀比自己大的，或是不同國籍、種族的怎麼辦，這社會總是有一堆期待，許多人還喜歡用自以為是的道德檢視你，讓你感到窒息，不過我認為性別跟年齡都不能成為阻礙，只要是真愛都值得被祝福，不管現況如何，我們還是得相信只要有愛，愛是所有人生命的追求。

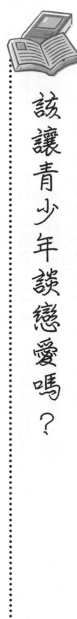

該讓青少年談戀愛嗎？

這一個問題，常常被高中生、大學生的家長問到，他們買了我的書，知道我對青少年有一定的影響力，便希望知道我的立場。為此我還在聯合新聞網U值媒 uMedia 發表過一篇文章〈摔倒了再站起來，青春期談戀愛是最好的學習〉，希望作為這個提問的解答。

我認為這個問題隨著社會的開放，已經有了初步的共識——禁止孩子談戀愛引發的問題、家庭革命，反而會造成社會大的負擔。家長們對於青少年孩子們談戀愛多有顧慮，課業因素、心智及生理是否成熟、會不會交到壞朋友、在愛情裡摔倒或是受傷了，這些擔心並非不會發生，反而是家長們過去長年觀察下來得到的經驗跟提醒，為了避免孩子們受傷，拚命阻止、搭建了一座高牆，避免他們看到外頭的風景，可是遲早有一天在你睡著、不注意時，他們知道哪裡有梯子，便會自己設法窺視。

臺灣的感情教育薄弱、性教育亦同樣薄弱，與其指望學校老師多教了什麼、與其盲目擔心東擔心西，不如好好坐下來溝通與對話，平等的對話，才是信任的開始，孩子們才會覺得被尊重。

「孩子，我想讓你知道，我們因為深愛著你，所以一定會擔心你、關心你，如果你想在這個年紀（可能是求學階段）談戀愛，我們不會反對，也信任你能處理得很好，但是我們（家長）希望你能維持好你的課業（或其他家長在意的事情），也要記得善待自己與你喜歡的人。」

課業上、身體界線上，多的是家長能給予提醒的地方，只要用平等的姿態溝通，不要用情緒勒索（我是為你好，你都得聽我的），我想青少年的接受度頗高。我認為，愛情裡常常伴隨著傷害、挫折，卻是最好的學習，近年來許多家長對孩子過度保護，或是傳統教育裡根深柢固——讀書至關重要，其他次之的觀念，造成不少學生除了讀書之外，在生活自主能力上非常缺乏，學生不懂得如何正常跟人相處、如何跟欣賞的對象正常談話，靠的僅是網路資訊，實際執行上恐怕左支右絀。

愛情絕對是一種複雜的關係，不會只是一種層次的感受，有快樂、有悲傷、有幸福、有挫折彼此交錯，才會深刻。孩子們在初戀、或是許多段感情中必然伴隨傷害，從此只會更理解自己，也懂得如何調整、轉化與伴侶的相處模式。傳統的相親，或是禁止孩子在求學階段進入愛情關係，反而讓孩子缺乏練習的機會，缺乏練習直接上路，是否危險，這大家心裡有數。

所以我們應該傾聽孩子為何戀愛，為何想交男女朋友，不要以我比你優越的說話方式下指導棋，而是以溫柔而堅定的話語溝通。理解然後才和解，不去干涉對方的決定，但要善盡一些責任，例如身體界線、愛情裡頭會遇到的問題，這些都應該找機會傳遞。

哪個青春的心靈不嚮往愛情滋潤，只要不要把愛情當成遊戲，願意好好去愛人、也有勇氣被愛，正是一個活著的證明。跌倒是必然，靠自己的力量爬起來時，就會讓青少年變得更強大，愛情裡的學習是最快、最具挑戰的，在遠處你應該給予他們祝福。

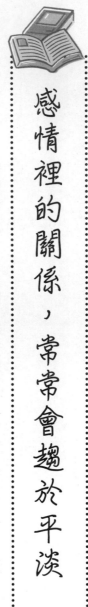

感情裡的關係，常常會趨於平淡

我自己進入一段關係後才發現，原來一段感情有好多階段，曖昧期、熱戀期、磨合期、穩定期、未來感期（依照不同的學者也有其他版本），各式各樣的階段，每一對情侶在各個階段的時間長度都不同。

我跟很多人一樣，最喜歡的當然也是曖昧期跟熱戀期，感覺有愛的每一天，活著都具有意義。曖昧期兩個人努力塑造自己好的形象，人生最美的便是在那曖昧未明的狀態，每一句話都帶著試探，讓你心跳加速；通過曖昧期之後，兩人的關係獲得確認，在一起的起初便意味著熱戀期的到來，每對情侶的做法不同，以放閃高調型的情侶為例，臉書就會先更新狀態為：「穩定交往中」，社群軟體上會將對方的帳號放在自己帳號的主頁上，高調宣布，此後我有人陪伴了，我是個成功的人。就算是低調行事的情侶，熱戀期的時候也能感受到獨特的幸福，曖昧期堆砌的好感層層堆疊，愈疊愈高，到了熱戀期才是至高點，此時其實只了解了對方的好，他的生活其他面向還需要時間判斷，這個時候他如果犯錯，或是跟你預期的情況作的不同，你都會為對方說話，也相信對方會愈來愈好。

正常人都盼望生命裡的美好能夠延續，最好是永恆不滅，可是正因為關係有中止或是變化之日，生命裡的美好才格外令人珍惜。熱戀期的時候，你們天天都希望膩在一塊，希望能見到對方、聽到聲音，不管去哪裡約會似乎都沒有關係，重要的是因為能跟喜歡的人在一起。過去我也是如此，享受著熱戀期帶給我的雀躍跟幸福，我對自己很有信心，不管未來發生什麼事，只要陪伴著彼此，就有方法來面對。當兩個人愈來愈熟悉，生活習慣、溝通方式、原生家庭、成長背景帶來的種種分歧、缺點，就會藏匿不住，愈是熟悉，往往愈沒有耐性，找不到解方，便開始爭吵、冷戰，當一段感情對彼此都有負擔時，不管是誰都會想要逃避。

此時你才發現，感情已經變了樣子，意味著熱戀期就這樣結束了，你貪圖熱戀期是不是能再次出現，可惜事與願違，一段感情終究得往不同階段走，此時的你如果心心念念放不下熱戀期的種種美好，無視對方給你的提醒，便會變得自私、貪婪，逐漸將感情葬送掉。在感情世界裡，深刻的關係有一天可能會趨於平淡，未來在哪裡、會怎麼發生，沒有人可以預料得精準，但你還擁有當下，拼湊好每一個當下，不正是往未來前行的方式嗎？

如果分手了，也要好好說再見

每一個人都值得被愛，也有資格去愛人，這是我最常掛在嘴邊的話。有一天，你先是遇到了適合的對象，通過許多階段的認識、曖昧、關係的確認，終於走在一塊，成為一對情侶，你以為這個人的到來，當了你的男／女朋友，接著就是一輩子陪伴在你身旁，殊不知一輩子的陪伴是奢求、是夢想，還有著不小的困難度。

在一起，意味著有一天會分開。這是一句看似悲觀的話，但它就是事實，每一段感情能走長走短，靠得雖是兩個人共同維繫、努力，還要有一絲幸運，能夠熬過各種磨難跟挑戰。所以大家都是小心翼翼呵護著感情，尤其是曖昧時期準備要交往時，雙方都好謹慎、好用心，感覺把所有的溫柔都給了對方。

一段關係的到來，一定得面對現實層面，彼此來自不同的求學背景、家庭環境，價值觀等面向，都有機會出現分歧。當熱戀期過度，幻想都破滅了，失去耐心、不願意持續給予對方機會，便有可能開始產生衝突、情緒勒索。曾經好愛好愛的人啊，竟然突然變得連你也不認識，話語裡你們彼此傷害、糟蹋，只為了我比你優越，一步步將愛情葬送。

我記得我與初戀女友在一起時，我發現彼此在看待感情上、處理事情的方式都需要磨合，我們善待彼此、接納對方的脆弱、不堪。在分手前那些日子，我們都知道感情開始出現負擔，我告訴前女友，我不應該用男友的身分綁住她，於是我寫了封訊息跟她道別，結束了這段關係，也謝謝她曾經來過。

回憶起分手時，我們仍用自己的方式好好說再見，因為知道每段關係的相遇都非是容易的事情，即使過程中彼此都受到傷害，我們仍願意為自己的選擇負責任。抱怨於事無補，愛也不會成為傷害別人的理由，在背後說分手的伴侶壞話，似乎也是汙辱了自己當年的選擇。原來陪伴是種奢侈，而最好的愛情，是即使分手了，最後那刻我仍選擇溫柔對待。

我認為人跟人的相遇及陪伴都是種奢侈，生命裡曾經陪伴你走過一段路的伴侶，必然影響你往後的生命、價值觀，他／她曾經如此重要，你也花費了好多心思與對方相處，分手時，也該好好說再見。

習作

後來的日子裡，你時常經過在一起時跟她到過的地方，曾有你們身影的那一年，漸漸成為去年、前年、好久以前，日子愈遠，內心便明白，是的，生命裡的某些美好、某些深刻，是真真正正回不去了，既然早已認清這個事實，那為何不往前走去。

這一回書中有個章節是愛情課，你的朋友知道後笑著問你說，你會把Y的故事寫進書裡嗎？起初你堅定跟朋友說你不會把你們的故事寫進書裡，因為你想保護這段感情，也想讓她在遠方的日子不會受到打擾，可是你又明白，你書寫許多愛情的觀點，都源自於當年跟她在一起時發生的種種故事；與她相遇的那一年，正是你重要的十九歲。你想書寫，並把過去的美好或悲傷記錄在這本書中，成為一輩子的紀念，真正把過去還給過去，再把自己留在當下，繼續活著。

1

常聽人說，緣分來的時候想躲也躲不掉，實際上你一點自信也無，你並不相信真會有如此碰巧的事情發生。二〇一八年六月，你從南崁高中畢業，身為南崁高中創校第一位特殊選才生，你得到風光、得到掌聲，還有校內好多演講邀約的明星待遇。除此之外，紀錄片《1819》展開為期兩年的拍攝製作，你常蹲點在校內，沒拍片的空檔，就應邀在各個班級、年級分享生命的種種故事，幾年來聽過你演講的學弟妹早已超過六百人，許多學弟妹把你的話奉為圭臬，時時刻刻受到影響。

那天同樣是某個演講場合，臺下坐滿聆聽的學弟妹，前一晚你還在苦惱今天的演講要講些什麼，對學弟妹才最有幫助。演講開始時，你瞥見學弟妹的手上都擺著講義或考卷，如果這場演講讓他們不感興趣，那還有課業可以打發時間。你滔滔不絕述說生命的種種追求，一個、兩個，再到整個班級的學生都被你吸引，Y也是。她跟其他同學一樣，正在寫講義，偶爾抬頭看一下你講到哪裡，她坐在角落，也不起眼，更非是學校裡那些活躍的人物，聽完你的演講後，她基於好奇追蹤了你的社群帳號，你也追蹤了她，你們彼此關注，你們仍然陌生，你們過著自己的生活，日子沒有不同。

Y搭著公車回到靠海的彼方，再緩步走回家中，直接走進房間，像是逃避家人的問候，反正早已習慣獨來獨往，在偌大的校園裡Y的朋友很少，在狹小的家庭裡，也找不到歸屬感。她時常在社群媒體上寫一些文字，抒發自己的心情，你看過幾回，你明白這樣的文字藏有故事，更多的是生命帶給她的苦難。你沒有猶豫，就簡單給了她訊息表示關心。

「能寫出這樣的文字，想必發生過不少事，真的辛苦妳了。」

收到訊息時，Y有些震驚，她曾以為你跟她只會是見過一面的陌生人，她知道你的忙碌，也知道自己的悲喜都跟你無關，你卻主動給了關心，還不是其他人那種自以為是的安慰話語。後來你們常透過訊息聊天，也有機會出來吃幾次飯，對彼此的信任是源源不絕，好似生命裡的苦難都能被理解，互相陪伴，給合適的溫度。

那陣子你發生了些狀況，一時間找不到朋友傾訴，你想起了她，她也陪你面對，除了文字訊息，你們使用語音留言，再來便是打電話。之後的每一天你們常在夜裡打給對方，你明白她對你有好感，在夜晚講電話更是個容易失控的舉動，你卻放任讓兩人的關係愈來愈密切，曖昧感受愈加明顯。

在兩人認識幾個月的那個夜晚，她仍然打了通電話給你，你雀躍的把電話接起，這天你答應要給她答案，她沒有自信聆聽兩人的未來，你沒有讓她的心漂浮太久，還給了她最大的驚喜。

「恭喜妳呢！」你打斷了她的話，她楞了一下。

「恭喜什麼？」她並未聽出你的意思。

「我們可以在一起了……」

「看在你這麼有誠意的份上，就答應你了。」

她是這樣機敏的給你回應，你們一起笑了出聲，這個夜晚，掛上電話你跟她都帶著燦爛的微笑，心中滿是複雜的情緒，但你們都確信，曾經深不見底的黑夜，此後都會有人點燈。

2

在一起的第一天天空飄起微微的雨，你騎車到南崁高中旁等她放學，幫她準備了一頂安全帽、輕便雨衣。你躲在南崁五福宮旁的遮雨棚，深怕被其他學弟妹認出來，她撐著一把折疊傘走了過來。你看著她笑了笑，然後把安全帽遞給她。

坐在你的摩托車後座，她顯得小心翼翼，在出發前，你要她記得抓緊你，不然騎車很危險，她才把手靠在你的腰際，輕輕抱著。你不敢騎車騎得太快，此時已經非是一個人行動了，你想成為一座安穩的山，讓她安心依靠。

你載她到中壢的影城，你們說好要去看電影《返校》，結果這部片太熱門，你們只剩下側邊的位置可以坐。《返校》這部片以白色恐怖為背景，還有些鬼片的元素在，觀影中途Y被嚇到，險些落淚，你從包包裡拿出衛生紙遞給她，她把手伸過來給你，你便輕輕牽起她的手，瞬間，你紅了眼眶，你害怕這是一場夢，如果這是夢的話，那就別輕易醒來。

看完電影後，你們到美食街吃了泰式料理，穿上雨衣抵擋外頭雨水的攻擊，停在紅綠燈時她都會把手放開，擔心被旁人看到。你都有注意到，忍不住把她的手握起，放在自己的腰際。

「我才不在乎被誰看到，我只希望妳是安全的。」

「妳要抓好我，不然這邊的路都是小石子很危險。」

她靠著你的背，抱著你的時候她說很有安全感。

沿途你們持續聊天，你騎過蜿蜒的小巷，載她到巷口，在那處你們述說著情話，也安撫對未來的不安。你告訴她，你們都不知道未來在哪裡，會發生什麼事，但你希望當下的你們都是快樂的。

在一起的第一天，飄著小雨，騎過的路還是濕滑又顛頗，回到家中才發現忘了把她的外套還給她，拿著她的外套你輕輕抱著，感受到至高無上的幸福。

3

在一起之後，你們保持在晚上通電話的習慣，藉此抒發對彼此的思念。在一起的第一個月，是你們的熱戀期，每個禮拜都會找時間出去走走。你們一起去過高鐵站附近的華泰名品城，在那的美食街你們點了Y最喜歡的異國料理，雖然不太好吃，但你仍表現得滿足，你看著她拿出作業書寫，你意識到你們有著截然不同的求學歷程，這也是為何旁人無法料想你們有機會在一起的原因。

她專注的書寫，你看得出神，在一起之後覺得去哪裡、吃什麼都可以，有她在身旁，什麼好像都不那麼重要。華泰名品城內分了不少區塊，你們不斷迷路，又不斷陪彼此找到方向，找到了間遊樂場就進去玩了一些設施，靠在一起、笑在一起、陪著她的每一刻你都感覺太不真實。

回程前你帶她到青塘園走走，牽著手、攬著手，下起綿綿細雨，依依不捨她即將離你遠去，又是那些獨自面對的忙碌跟夜晚。你縱然習慣一個人，卻貪圖她在身旁的每一刻。

載她回家的路上又是風雨考驗著，使你們知道這樣的快樂得來不易，那就該好好握著，千萬別放手。你很快樂，十九歲，Y是意外來到身旁的光亮。你同樣載她到家附近的巷口，她說的每句情話都烙印在心中揮之不去，就是這樣的夜晚，這樣有她的夜晚，你望著她離去的身影，才紅了眼眶。

又有一天你趁她放學載她下課，她說她想去市區吃一間異國料理，你排開所有行程陪她前去，兩個人點了好多餐點，吃得很開心、很滿足，你們用筷子夾餐點給對方，然後相視而笑，這刻的美好多希望能永恆長存。

你回想從小到大你的感情路走得坎坷，還多半是單戀居多，國中時的馬尾女孩，根本就只是普通朋友，你也自我感覺良好，追了九百多天，失敗收場；高中時有過幾個喜歡的女生，也都不了了之，後來有一兩個比較有機會的，也都沒能成功；你在愛情裡愈加沒自信，索性用忙碌掩蓋感情的空白，Y的出現讓你深信，每一個人都值得被愛，也有資格去愛人，人的一輩子都在追求著不同形式的愛，親情的愛、友情的愛、愛情的愛，成為我們活著的重心，肉體會腐朽，愛卻能長存，有愛的每一天，都令人珍惜。

4

前些日子一直下雨，這一天終於放晴，很適合情侶約會。你騎車到她家附近，她則笑著走向你的摩托車。你把安全帽遞給她，再幫她把安全帽扣好，緩緩騎車出發。

這天你們說好要去淡水走走，你決定要騎車去，查了地圖才發現Y的家離淡水竟有三十幾公里之遠，騎車單趟就要一個小時，平常騎車半小時就抱怨的你，這回卻很有耐心，一點也不感到疲累，像是獲得愛的力量，源源不絕，充斥周身。她抱著你，偶爾停靠紅綠燈時安全帽會敲到，你笑出聲，你們天南地北的聊天，這天陽光普照，生命裡的苦悶、陰霾都一掃而空。

通常要前往淡水，都會把車停靠在八里渡船頭，再搭船過去淡水，這天你們經過時八里渡船頭附近都是出殯的隊伍、車輛，正好停靠在路口處，你心有顧忌，於是你繼續騎車，決定直接騎到淡水。從八里到淡水，如果是騎車前往，絕對是路途遙遠，靠著導航慢慢前行，繞過八里，經過關渡大橋，才接近淡水。

找不到車位，你們只好進了收費停車場，再走去淡水老街。正逢假日，淡水老街遊客如織，還有許多情侶，著實是約會勝地。

你們先從老街的外圍開始閒晃，沿著文化路、中正路，先到了電影院看了電影《小丑》（Joker），這部電影是美國的心理驚悚片，曾在威尼斯影展中拿到金獅獎，在臺票房首日便突破一千萬，你跟她找到位置坐下，身旁早已坐滿了人。電影很精采，也有些許驚悚，途中還有些血腥的畫面，她牽著你的手，你們靠在一塊，好像世界怎麼運行都沒有關係。

離開電影院後你們沿著人行道行走，到了一間義式料理餐廳吃了義大利麵，真正出門後，你才發覺在話語裡，你們的價值觀有時候很不同，原來真正的愛情是接受不一樣的兩個人，而非找一個跟自己一模一樣的人來相愛，認知到彼此都不完美，沒有遺棄，選擇接納。

餐廳的對面是淡水知名的景點——紅毛城，歷史課本看過幾回照片，卻從來沒有機會來過，你顯得興致盎然，你們買了門票，走上階梯，她拿起手機拍了幾張照，你們走在一塊，四處參觀。

離開紅毛城，你們沒有特定的路線規畫，到處走走看看也很有趣味，離開外圍，你們走到了渡船頭那側，她說想吃阿給，才像是有來過淡水，你笑了笑，陪她到了一間老店品嘗阿給。阿給這個名稱完全無法猜測到底是什麼東西，做法是將油豆腐的中間挖空、填充炒過的冬粉（有些店家使用的是沒有炒過的冬粉）、浸泡過滷汁，以魚漿封口，加以蒸熟、淋上醬汁。

吃完阿給，你們沿著淡水老街到處逛，逛了童玩店，買了一個縮小版的聖筊，一人一對，放在彼此身上；你們也去射氣球，你的技術還算好，幫她贏了一個氣球充氣的寶劍，她很得意。你們走進淡水河的那側，她往欄杆那處走去，你拍了她的背影，端視許久，正逢落日時分，此情此景好美好美。

你們沿途看到好多情侶牽著手走著，你在心裡想著，希望每一對情侶都能幸福快樂，你們也是。回程路上她抱著你，有時候便靠在你身後休息，你專注騎車，她則輕輕叫了你一下。

「你知道，這一次來淡水我最喜歡的是哪個部分嗎？」

「不知道耶，電影喔？」

「是你騎車載我的時候。」

聽到這句話，無比的暖意湧上心頭。

她抱得更緊，你輕輕碰了她的手一下，停等紅綠燈時便握住她的手，讓她知道你的感動，她繼續說道。

「我有六個字想對你說。」

「什麼？」

「有妳真的很好。」

慶幸這六個字不是六字大明咒（唵、嘛、呢、叭、咪、吽），而是能記得一輩子，窩心的一句感謝。

離開淡水、途經八里，再經過臺北港、林口發電廠，才回到桃園，已是傍晚，隨意吃了晚餐，便載她回家。到她家附近後，你在巷弄跟她說了許多話，都是出自內心真正的想法，你以為沒事，可是其中的幾句話卻深深傷害了她的心，也傷害了這段感情。從那之後每一天太陽依舊升起，你卻覺得早已沒有當初的溫度，離黑夜愈來愈近。

5

熱戀期太過深刻，讓你無時無刻都想沉浸在快樂的當下，你變得很貪婪，像是三歲小孩討糖果，索求無度，只在乎自己的感受，你常常傳訊息給她，希望她多陪你一些，卻忘記了她正面臨學測考試。你常常說服自己千萬不要把生活的重心全放在感情上，奈何你熬不過對她的思念，話語裡無可避免的只為自己想，你忽略了你的行為早已是一種自私，不是讓人舒服自在的關係，讓人想要逃離。

淡水約會後，你跟Y的關係有點轉折，Y是心思很敏感的女生，常會受到他人話語影響心情，更何況是自己的男朋友。你試圖要彌補，常常趁著拍片的時候偷偷帶杯飲料或是巧克力給她。可是後來又發生許多事情，你的書出版，你被媒體關注，你被學校的學弟妹簇擁，在在都讓身為你女友的Y承受了壓力。

後來，訊息跟電話漸漸變少，你才發現她好像有點狀況，你想起她在跟你在一起前曾經生過病，你帶給她的壓力讓她不快樂，感到負擔，她多次暗示你想結束這段感情，你卻不斷拖延時間，想說服自己一切都會好轉、回到初相戀那時的美好。學測前一個月，

Y消失了，訊息沒有已讀，電話也沒接，這段感情早已名存實亡，你等到學測後再給她訊息，仍然是用一種自私的語氣希望她回你訊息。發了幾通簡訊也都沒獲得回應，中途她一度回你簡訊，卻再次消失。

二十歲生日那天是你生命中格外重要的一天，你從早等到晚，知道不可能，卻仍盼望她能給你一點祝福。可是直到這天結束，你都沒有收到她的訊息。那晚你輾轉難眠，內心也有了決定。隔天你拿起手機，傳了一封簡訊給她，結束了這段初戀，送出訊息後你哭得稀里嘩啦的。一個早已住在你心中的身影，硬生生被抽離，分手後要讓自己復原，就像是用刀子，一刀一刀割除過往的一切。

Y：

謝謝妳在我最需要的時候陪伴我，在一起的這些日子有過快樂、幸福，也讓我學習到許多事情，這些日子我想了很多也是時候跟妳道別、與妳分開。

希望妳快樂、幸福，然後記得妳是最棒的！

我會慢慢習慣原本的生活、好好照顧自己。

陳毅

6

提了分手後，自然不會有任何回應，分手後的日子你感到極為苦痛、煎熬，花了很多時間與自己或朋友對話，中途你仍試圖再跟Y聯繫，當然是沒有順利聯繫上。你太有自信，以為自己很快就能走出情傷，卻花了半年的時間才真正看開，這半年來你用忙碌來掩蓋自己失去感情的空虛，以為掩蓋得很好，卻總在夜裡襲來。車子行經過去約會的地點、聽到悲傷的情歌、看著過去的照片，就會情緒低落，因為過去太深刻，拚命逼迫自己徹底忘卻，反而更忘不掉。

分手後你變得貪婪，常常透過其他帳號窺視前女友過得是否好，你沒認清其實緣分早已盡，你也沒有任何身分應該去觀視她的生活。所有朋友都勸你放下，你也常責怪自己為何就是放不下。直到很後來，你才想開，將與她所有的聯繫方式都切斷，無牽無掛，這時你才漸漸獲得喘息的空間。

現在你偶爾還是會想起前女友，想起時內心已波瀾不興，經歷了這些，你才發現原來真正的放下，不是遺忘而是記得，記得過去的美好、記得自己要多愛自己一些，記得自己不論經歷了多少挫折跟錯誤，都有資格再去愛人，過去的種種成為最好的學習，也是步入下一段感情的養分。

後記：

這是我頭一次書寫與初戀Y的故事，我刻意用第二人稱來書寫，也讓我的情緒可以稍微抽離。分手已經一年了，經過以前約會的地方、聽到悲傷的音樂，內心都不會起波瀾。在書寫這個章節前幾天，因緣際會又聯絡上Y，那個夜晚我們聊了兩個小時的訊息，我內心沒有太多的起伏，謝謝她曾來過，也謝謝我們曾陪伴彼此，我跟她說，我新書要把我們的故事寫進去，她回我說：「你想怎麼寫就怎麼寫，哈哈～」生命裡許多關係，曾經非常深刻，有一天如果趨於平淡，也會慶幸曾陪伴彼此走過人生的某一段路。

二十一歲生日這天，一大早我收到Y的訊息，她說了一句：「快樂喔！」簡單的幾個字，她說 Line 跳出提醒，她才發現我今天生日，我跟她謝謝，也希望她快樂。生命裡許多關係，起於勇敢、終於圓滿，我想陳毅，你是無比幸運的男孩，二十一歲後的生命，也會很好的。

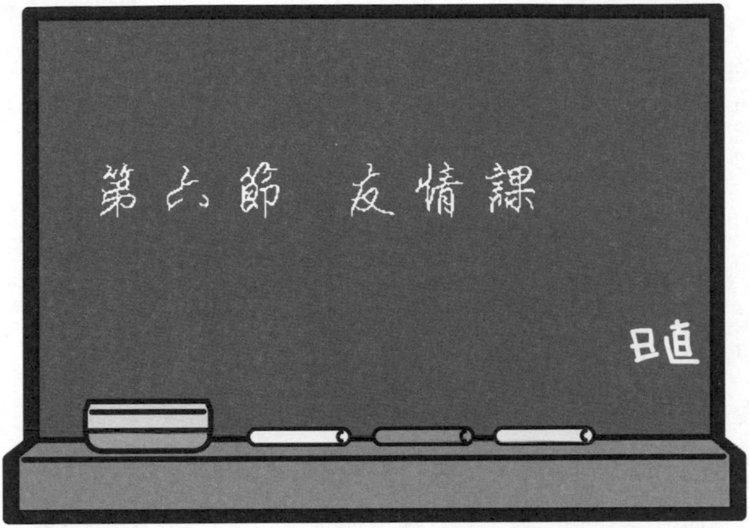
第六節 友情課
日直

從受歡迎到被排擠

這本書裡，我將書寫幾個我認為很重要的課題，能讓青少年參考使用，其中我認為與同儕、朋友相處的議題是不能小覷的，因為除了跟家人相處外，青少年長時間都在學校，如何與朋友相處、結交朋友、看待與他人的關係，便很重要。

我覺得就算是再孤僻的人，身旁總有一兩個理解他的人，換言之，每個人或多或少都需要被重視。在我們出生後，先要面對父母，或是家中有兄弟姊妹，再來也許街坊鄰居的小孩偶爾會遇到，算是初階練習，真正到了幼稚園上課，遇到年紀相仿、來自不同成長背景的同儕，這時才是真正與群體社會接觸。

從幼稚園、國小、國中，幾乎每過幾年就要換一次班級，對於群體的適應就是一大考驗，我在這幾個時期的人緣都不錯，從來沒擔心過怎麼與同儕相處，身旁就擁有一大票朋友，這狀況等到上了高中，有了極大的轉變，最差的那時候，還被班上同學孤立排擠，細細探究為何有這樣的差異，我在高中前跟同儕的想法很接近，在班上成績好、受到許多老師喜愛，我熱情參與班上事務，每學期幾乎都是班級幹部，該玩的時候總是玩到底，在談吐上又幽默風趣，自然有很多死黨追隨著我。高中後我接觸純文學，光是這個興趣就很特別了，大量閱讀、忙於外務，讓我的談吐成熟不少，也不像以前這麼會讀書考試，自然與同學漸行漸遠。

以前班上總有幾個人，在分組時會落單，到了高中時我第一次嘗到落單的感受，分組時我坐在座位上，也懶得起身去問誰說要不要收留我，就這樣賭氣，等到其他人都分到組，老師還會問說誰沒有分到組，起身時才發現我跟班上其他被排擠的同學分在同一組，只能苦笑。在班上會被排擠的同學，除了個性本身古怪外，有的是不愛乾淨，或是明明沒怎麼樣仍被排擠的可憐人，除此之外，我還有好一陣子是被孤立排擠的，這些朋友間關係的轉變，也幫助我獨自思考自己要的是什麼。

群體如果是糟糕的，就沒必要合群

「社交」是人與人之間關係維繫的重要手段，合群，更是一個常見的社會期待，這社會不喜歡特立獨行的個體，因為這樣的個體會讓旁人覺得沒安全感。大多數人合群的理由，除了是被社會制約，更多的是因為害怕孤單就迎向人群，也害怕自己因為不合群，失去了話語權跟立足之地，害怕被排擠、邊緣，寧願裝作跟大家關係很密切。

大多數時候，群體生活都會產生問題，只是大家選擇視而不見，因為所有人即使再不願意，都汲汲營營的想要融入群體中，被落單、被忽略，是深入人心的恐懼，不論是家庭、學校，都養成我們這樣子的習慣。有很多群體尤其糟糕，裡頭的成員常常都有虛假的成分，表面工夫做足，私底下盡是勾心鬥角，這樣只是使自己對人的信任愈來愈少；

群體某些決策代表的就是絕對多數的意見，其餘的少數人意見常被忽視；群體代表了價值觀趨於一致，處在其中我們害怕不同，不敢提出意見，漸漸的壓抑自己，捨棄思考。

人愈長大，認識的人只會愈來愈多，但真正知心的朋友，大家都一樣少。我在上了大學後，由於課業、外務多，我根本沒有時間合群，也疏於社交，縱然這樣的處理方式，讓自己在大學校園內顯得孤單，但這樣也舒服自在，因為我並不認為大學要跟國中、高中一樣胡亂合群，或讓自己看起來受歡迎。大學的小團體同樣不少，你是我朋友，你不是我朋友，愛做表面工夫、在背後說壞話的人比比皆是，如此格局、價值觀的不同，正警惕著自己，群體如果是糟糕的，沒有必要合群。

經營知心朋友

不合群，不代表要你放棄外交，只是更有策略的運用你的時間。放棄了盲目合群，你應該將時間拿來結交「知心朋友」。每個人認識的朋友都很多，交情各有不同，要能成為你心中的知心朋友，或是社群軟體裡的「摯友」，難度不低。朋友是不堪比較的，許多表裡不一的朋友一旦放在知心朋友旁，猶如正邪交會，立刻現出原形，你的時間應該花在哪一者身上，應該很明顯。

我常常要面對形形色色的人，為了減少自己的負擔，我把這些人都分成兩種：「朋友」、「非朋友」。許多身旁會遇到的人，我其實都沒有視為朋友，可一旦被我視為「朋友」我就會好好善待，這裡所謂的善待，便是毫無居心、誠懇對待，如果對待朋友還要設下各式圈套、陷阱，那怎麼能稱為朋友？

以前我總覺得我朋友很少，直到上回出版《十八後，成為你想成為的大人》，舉辦新書發表會，結果各個時期的好朋友都來參加，這時我才慶幸自己誠懇待人的策略是正確的。如今我仍然不太在外頭跟誰社交，認識我的人很多，被我視為朋友的很少，這些朋友裡有些在某個時期成為我的知心好友，陪伴我熬過生命的黑夜，跟我見過燦爛的陽光，可以同喜，也可共悲。真正的朋友是知道你脆弱、不完美，仍守在你身旁不離不棄，你們在彼此面前能是真實的自己，不需特地說什麼好聽話、不需阿諛奉承、不需送禮物，待在身旁就算一句話也沒說、各做各的事，也覺得舒服自在。我想原則就是堅持善良、誠懇待人，你會遇到許多同樣善良、可愛的人，成為彼此的知心好友，除了家人、伴侶、自己外，他們會成為你最好的依靠。

好的人會被看見，會互相吸引

來到身旁的每個生命，都會對你產生些微的影響，你可以不理會許多人，但有些可愛的，你應該要溫柔善待。

二十一歲前夕，彰化的友人俞鉉北上來桃園龍德宮文創館值班，由於距離因素，身為美編組長的他，平常都是以線上會議跟組員交辦工作事項，知道俞鉉要北上，宮裡文宣課的學長姊像是迎媽祖一樣熱情，特別約了文宣課的幹部夥伴，都到宮裡聚餐。

時間一到，眾人齊聚在文宣課辦公室，課長、執行長、祕書等人也特別到場，其餘的有一半都是年輕的義工幹部，我坐在離食物很近的位置，早已盤算待會要如何大快朵頤。來到桃園龍德宮服務後，宮裡義工數百人，我跟同樣年輕的義工們，雖只認識一年，感情卻十分深厚。

那天在宮裡吃完晚餐後，我們幾個年輕的幹部約好要續攤，就這樣從晚上十點聊到十二點。又過了幾週，正好是過年期間，平日都沒好好休息，我沒多想，在大年初三那天上午搭了高鐵到臺中，再租了機車，騎車到彰化旅遊，人生地不熟，手機開了導航，還迷路了幾圈才找到正確的路，抵達彰化前已跟宏軒、宏謙兩位龍德宮義工約好要見面，因為他們每年都要陪家人回來彰化過年。我們先到彰化市區著名的無底廟——鎮南宮，參拜「老大媽」，再來便是騎車到和美，可是出發時竟然忘了檢查油表，騎到一半沒油了、卡在半路上，還好友人同行，陪我把車推到鄰近的加油站。

抵達和美，見到了同是義工的俞鋐，他們家族開了間宮廟「和美御史壇」，主祀吳府千歲，過去我也曾前來參拜，感覺很好，我們在廟埕簡單聊一下天，才出發去吃午餐。這天彰化市區的幾間爌肉飯都滿滿的遊客，且最著名的爌肉飯都已賣完，十分可惜，我們只好到附近吃了火鍋。吃飽後在街上走走，偶爾逛逛獨立書店，一邊走路，我多半在放空。這天到了傍晚才從臺中回程，改搭友人的便車，結果遇到返鄉車潮，沿路塞車，仍無法消化旅行帶來的喜悅。

我想人跟人之間的陪伴是種奢侈，簡單則是一種幸福，喜歡彰化，這裡有光亮，且不那麼刺眼，能好好留在心裡。

跟這些義工夥伴們，包含俞鋐、宏軒、美勳、芳儀、振瑋、庭禎、沛儒、沛勳、晏禎、汶誼等，我們常一起忙宮裡的事務，雖然並非絕對屬於同個組別，總是很有默契、合作無間。除此之外，我們外表看似喧鬧，總是一堆不正經的玩笑話，私底下我們也常常談心，也許是年齡相仿，也或者是大家都剛出社會，尚未把社會上那套虛假學會，都是赤誠相處，可以談心事，甚至我還能跟某幾位聊創作；我常在想，這一兩年在龍德宮服務最令我珍惜的事情，便是在這裡遇到許多善良、可愛的人，他們讓我相信，我可以真實作我自己，也能被理解、被接納，因為好的人會被看見，也會互相吸引。

窒息的關係

每個人生命裡總會遇到幾段沒有勇氣、沒有智慧處理的關係，這樣的關係往往像是一攤死水、令人窒息。這陣子我整理了相簿，才發現每一年待在我身旁的朋友都不同。看著當年曾經說好要成為一輩子朋友的人，漸行漸遠，也許是因為誤會，但也沒有勇氣為自己解釋些什麼，索性放棄了這段友情，看似船過水無痕、仍然可以結交新朋友把位置補上，可是後來只要看到對方的名字，你都會趕快滑過去，你極力想擺脫這個窒息感，最後你為了逃避苦難，把這個曾經最理解你的人解除好友，甚至封鎖。

過去幾年來我認識了非常多人，被很多人喜歡、也被許多人討厭，在關係的處理上我常常搞砸，搞砸後我常常感到自責，我想挽回過去深刻的友誼，卻完全沒勇氣傳個訊息、打通電話，只任憑時間慢慢走過，從熟悉到陌生，這個人從此跟我脫節、毫無關係。後來才明白，每個時期的朋友不同，其實是普遍發生。

你還記得國小、國中、高中時陪在你身旁的死黨嗎？因為每天上學都會遇到，你們非常親近、能談天說地、能一起嬉笑，畢業後你們到了不同的新環境，認識了新朋友，也就不太有時間去顧及以前的同學，疏於聯絡，即使都加了對方的臉書，也不太有機會再去打擾對方。就像走在路上，遇到國小同學，明明都還叫得出名字，你們卻有默契的把視線移開，裝作不認識這個人。

漸漸的我明瞭，就像談戀愛一樣，人跟人之間的關係會因為各種原因產生變化，從深刻到趨於平淡，不過就是生命裡的一種常態，過去那些窒息的關係，褪色的友誼，也不必強迫自己去挽回什麼。好好善待當下在你身旁朋友，不用擔心能陪對方走多久，或是你們能不能成為一輩子的朋友，那些窒息的關係，如果有契機，有一天一定能有勇氣去面對。

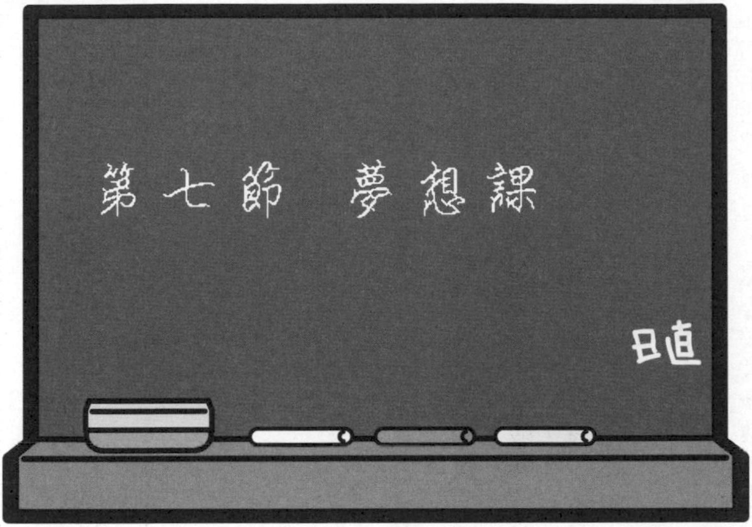
第七節　夢想課
日值

你還記得你的夢想嗎？

二〇一五年成立文學社，到後來創立獨立媒體、拍紀錄片、出版書籍。我的身分從社長、記者、總編輯、導演、作家，十分多元。這些都是每個時期自己想做的事情，如果有人稱我為夢想家，甚至要請我談一下如何實踐夢想，起初我都很是抗拒，喜歡做的事情，一定要被定義、被貼標籤嗎？以前我感到不以為然，但是每一回演講後知道大家都有想做的事、有好多夢想實踐，身為一個行為很像夢想家的人，也許能分享這些任性的過程及方式。

不管哪一個年紀，不管你的夢想或大或小、實踐起來簡單或困難，如果你擁有夢想，你的生活都會有了重心。大多數人不是沒有夢想，或是對未來的期望，只是常常被現實消磨了意志，一次、兩次，你便發現光是現實就已經耗盡心力了，哪裡還有時間、金錢去實踐你的夢想？

可是，你真的把夢想想得太複雜，從願意踏出第一步，你就離完成不遠了，縱然最後沒有完成，你也沒有太多損失，那為何不出發？

小時候的作文題目，有一題叫作「我的志願」，我們對世界還不甚理解，對於未來想成為怎樣的大人，想要有怎樣的夢想，都是憑空想像，或是看電視來尋找。小時候同學們的夢想很多，想當總統、警察、消防隊員、老師、大老闆、畫家、作家，還有同學說想成為「公主」。長大後我們的夢想會隨時調整，因為你發現，當總統好像沒有很好？也沒有很容易，當大老闆好像不切實際，當老師教師執照很難考，你想了一大堆理由來放棄，就是沒有一個理由給你自己信心，想繼續走下去。

夢想經過調整而有所變動是很正常的，重要的是你還記得那時候有夢想的生活，是多麼貼近自己的心、對世界多有熱情、對未來有好多想像，這樣因夢想賦予的精神跟態度，正是我們缺乏的。我常常在演講中提及「不是擁有夢想就一百分」，但是沒有夢想跟目標的生活，是很可惜的。

夢想不是為了得到誰的掌聲

作家黃明正曾說過：「人人都有夢想，但不代表人人都有勤奮。」之所以不想被貼上夢想家這個標籤，是因為看多了許多人隨口將夢想掛在嘴邊，卻只是嘴上說說，完全沒有實踐。坊間太多的書籍，常常就是鼓勵大家勇敢追夢，把夢想的實踐說得太過容易，在我看來這樣的書就是在說空話。

我認為夢想是自己的事情，既無太多使命感，也不是為了得到誰的掌聲，大多數的時候不會有太多人理解，這時候才是真正的考驗，當你千辛萬苦走在夢想的路上，卻得不到掌聲跟肯定，有多少人還會繼續堅持？在成功之前，這個過程是很孤獨的，大家通常只看到光鮮亮麗的一部分，背後的努力常常會被忽視。

小時候我就很會寫作，常常在閱讀心得、作文比賽上嶄露頭角，每一回的閱讀心得都在班上傳閱。那時候我迷上九把刀的小說，一直希望自己有天也能成為一位作家；長大後我發現，要出書、成為作家、作品還要有人看，是一件很困難的事，升上國、高中還得忙於課業，我的作家夢似乎只能留在小時候想像，長大了，好似過了作夢的年紀，但我卻不想清醒、淡忘，只因愈長愈大要妥協的事務這麼多，如果連小時候的夢想都輕易放棄，好似就承認了自己無能為力，從此不再擁有翅膀，無法飛行。

國中那年為了喜歡的馬尾女孩寫一本兩萬多字的作品《情書，當純情男孩遇上馬尾女孩》，自己找了書商印了二十五本。那時候亂排版、亂印刷的作品看來粗糙，如今我仍放在書櫃裡收藏，那時候的嘗試，代表我從來沒有忘記過小時候的夢想。

升上高中後課業仍是繁重，我創立文學社團，結識了很多文學作家及出版社，後來做了很多看似不務正業的事，那時候沒有太多目的性，就只是有興趣，不料累積的人脈，一步步幫助我二〇一九年順利出版了《十八後，成為你想成為的大人》。

每一年我想做的事情都未必相同，在成功前說出口起初都會被嘲笑，嘲笑我的人都會說我才幾歲也想出書？或是你身為學生怎麼不好好讀書？不是應該要考臺大、拿獎學金、書券獎，以後才會大富大貴、取到好老婆？

從此我就明白了這個社會存在著一個很類似的價值觀，以為這樣的價值能套用到每個人身上，在我看來就是荒唐的事。害怕跌倒，所以委屈自己，避免跟他人有所不同，才像個合群的人，表現好一些的還能獲得乖寶寶貼紙，得到好多掌聲，可是我清楚知道，這是我自己的人生，我最有義務要讓自己快樂，不論是為了什麼理由，也不需要多餘的解釋。夢想是自己的事，沒有人有資格嘲笑你，前路縱使深不見底的黑夜、沿途滿是荊棘，看不見未來，仍要盡情享受當下，你並不是在追夢，你只是在妥協九十九次後，終於有那麼一刻把選擇權還給自己，然後真真正正活一次。

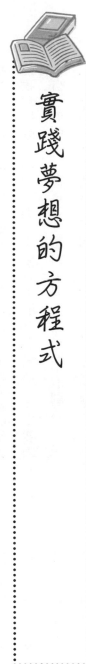

實踐夢想的方程式

每個人的夢想都有些許不同，在實踐上當然有不同的形式跟曲折，不過我認為實踐上，仍然有一些步驟可以參考，我想實踐夢想的方程式，應該比什麼二元一次（還是幾次）方程式有趣多了。

第一步驟，找出你的夢想是什麼？夢想，如果從來沒有想過，一時半載是很難想出來的。你可以先從小時候開始想起，小時候你的夢想是什麼？或是成長過程中你做什麼最讓你感到開心、什麼事情你做起來最得心應手。我分享的方式是先從小時候的夢想找起，雖然多半會有所調整，但小時候的夢想一定藏著一點線索。再來多半是從自己的興趣、專長去找，可是縱然是你擅長的事情，不一定就能成為你的夢想，你的夢想要你發自內心確認過，是能讓你耗盡心力也不後悔的事。

第二步驟，檢視你的夢想、修正看看。你提出的夢想可能會有很多狀況，你必須在最剛開始時就先檢視、修正，才不會走到一半發現問題。你可以檢視你的夢想會不會太龐大、不切實際、太籠統？例如你說你想成為有錢人，那你就該思考，你要的有錢，到底是多有錢？這時候你就應該開始修正夢想，把它更聚焦些，例如你把想成為有錢人改成幾個小目標：「我要在四十歲之前擁有自己的房子、車子，戶頭要有一千萬的積蓄。」這就比較明確，也有方向去努力。

第三步驟，為夢想做功課。確定了夢想後，你不一定知道如何開始進行，但過去一定有人在你夢想相關的領域成功過，你應該為夢想做功課，例如到圖書館、書店找尋相關書籍來閱讀、看網路文章、影片等也都是好的方式，或是請教朋友或專業人士。夢想雖然是你自己的事情，要有主見，但他們給你適當的建議，也許能激盪出更多想法。在此我想提醒一件事，別人的觀點不能全盤接受，一定要經過辯證、討論、思考，才能是你自己的版本，換言之，想到夢想，不代表不能調整，也不代表你只能擁有一個夢想。

第四步驟，去玩、去闖。在你想好夢想是什麼了，也修正了一些細節，還做了不少功課，此時你已躍躍欲試。我要你拋下的是對結果的執著，你必須認知到：就算你準備得很充分，前路仍是充滿未知數，會不會成功並不一定，失敗跌倒時會不會有人接住你，也不一定。接下來你得訓練自己面對孤獨、放下過多的得失心，你並不是在交作業，沒有人會幫你打成績，我希望你享受逐夢的過程，那才是重要的。

第五步驟，大任務切為小任務。一個夢想想要實行，你可以試著做點規畫，例如你今年二十歲，你想在五年後完成一部四十分鐘的劇情片。那你可以先想想，要完成這樣的劇情片，你需要什麼、你欠缺什麼？切分為小任務時，你便有不同面向可以著手，例如：你不具備拍劇情片的專業，所以你可以買相關書籍、多看好的劇情片、請教知名導演，甚至到大學旁聽課程；又或是你沒有這麼多資金，那你應該在這五年內設法把劇情片的劇本完善、再去跟企業討論合作、或是政府的輔導金，夢想一出來是很龐大的工作，你得把它切分為小任務，一個一個去完成與突破。

第六步驟，這不是一個步驟，只是給你的小提醒，也是總結夢想課的所有觀念。要是最後沒有完成夢想，那該怎麼辦？我倒覺得沒有完成很正常，畢竟要成功得集合天時地利人和，如果沒在你設定的期限內完成，那就順著走，不要因此灰心喪志，例如你設定五年要拍完劇情片，結果五年了你只完成劇本，那也沒關係，可能是你太過忙碌，那你可以重新調整後面的步調，再接著把小任務完成。

我認為要放棄夢想太容易了，要不要完成夢想也是你自己的事情，沒有人有義務推著你走，也沒必要汲汲營營要得到掌聲，因為那很病態，希望你明白，你不會成為夢想家，你也不會在實踐夢想的過程中覺得輕鬆，但我可以保證，你能在過程中學到很多東西，比較幸運的人還能因此得到快樂，那是至高無上的幸福。

第八節　生死課

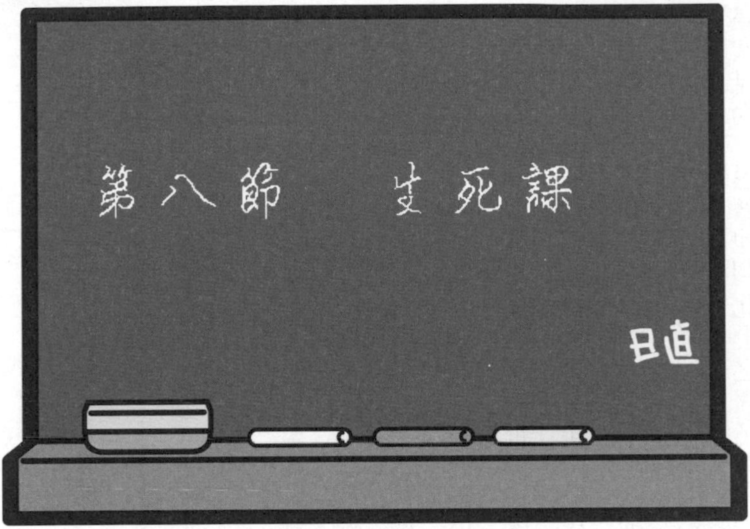

面對生命的課題：那個失去意識的夜晚

在上一本書我有分享過兩個生死關頭，一次是二〇一八年十一月發生車禍，車頭撞爛、進了急診室，另一回則是家人受傷進急診室，兩次都讓我印象深刻。

我們的出生，虛無縹緲，毫無記憶；我們的死亡，突如一瞬，無法掌握，我們恐懼未知的事物，對死後是否還有世界、肉身腐敗後記憶是否還有延續，都無法確定，因此死亡蒙上一層神祕面紗。青少年對於死亡，不一定比大人還有勇氣看待，過去幾年我經歷過幾次生死關頭，每一次帶給我的都很深刻，藉著這堂生死課，來跟大家分享。

二〇一九年三月，傍晚結束在桃園龍德宮的例行會議，我與從彰化北上的朋友俞鋐、昱宏見面，趁著他們北上之際，我們一塊到市區吃頓晚餐，順道聊聊彼此的近況。用著著晚餐，我把服務生找來，向他加點一盤牛肉，服務生點頭，收走我的單子，我繼續撈我的丸子，朋友則疑惑的看著我。

「牛肉？在宮裡當義工不是不能吃牛肉嗎？」

「沒關係吧，幾塊而已，應該不會有事。」服務生將我的牛肉送上，我心裡有些罪惡感，但心想應該無妨，於是將牛肉汆燙後入口，神情頗為滿足。

飽食後，摸著微微脹大的肚子，我感到滿足，我問朋友要不要再去哪裡走走？反正難得來桃園，且今日他們也在桃園過夜。「不如，來去烘爐地拜拜！」我這樣提議，因為前幾年去過一次，求了招財包，效果很不錯，趁著友人開車，正好可以上山求財。

朋友開車，我坐在副駕駛座，娓娓說出這些日子遭遇的種種困難，事業上、感情上點點滴滴都是故事。朋友們聽得認真，還得安慰心情起伏很大的我，深夜的高速公路偶爾才有一臺車子駛過，光點出現然後消失，伴隨我的話語，很溫馨的氛圍。

烘爐地南山土地公廟，位於新北市中和區，是北臺灣重要的求財聖地，而且愈晚愈熱鬧，最為著名的便是一尊巨大的土地公像，來往國道的車輛都能清晰看見。沿著山路開上去，路途中各式私人宮壇、算命攤販、賣金紙的店家不曾少過，到了烘爐地的半山腰，是財神殿，要再開上去才是南山土地公廟，過往跟家人來參拜，都會將車子開到上面，免去爬樓梯的辛苦。朋友一時興起，想挑戰看看爬樓梯上去山頂參拜，也表示自己的虔誠，二十六歲的他們都下定決心了，二十歲的我當然也鼓起勇氣來嘗試。

烘爐地南山土地公廟的階梯據說有一千多階，朋友們身材精實，步伐利落快速，我體型較壯碩，起步一陣子還勉強能撐持，愈爬愈高，愈喘不過氣，體力漸漸難以支撐。由於朋友都在上頭等我，我只好勉強自己在階梯上三階當一階加快速度往上走去，氣喘如牛，口乾舌燥，心跳急促，還有些不適。

我站在烘爐地的平臺上，望向遠去的夜景，心跳得太快，愈感身體不適且並未好轉，朋友們見我神色不對，走了過來。我望著朋友，喘息又焦急的口吻請他盡快到前方的便利商店幫我買一瓶運動飲料，而我坐在土地公廟前的階梯休息，飲料拿到手，喝了幾口，眼前逐漸模糊，臉部感官漸漸不受控制，我心頭一驚，「完蛋了，再這樣下去我會失去意識，這裡又是山上，叫救護車也會拖到時間。」

我內心十分焦急，口中念著桃園龍德宮天上聖母四媽祖、桃園承天宮二郎真君的聖號，請求神明速速前來拯救，此時我的意識接近渙散，眼前空白一片，極為徬徨無助。

朋友按照我的意思攙扶著我，捏著我右手的虎口，但因為我身型壯碩，手也頗為肥厚，朋友輕柔的捏著，完全起不了作用。我喝著舒跑，全身冒冷汗，臉色蒼白，隨後「啪噠」一聲，飲料掉在地上，朋友們看向我，我已渾身癱軟、頭往下垂，雙眼闔上。朋友搖動我的身軀，一直呼喊我的名字，盼望我能趕快醒來，奈何事與願違，我遲未清醒，俞鋐急得紅了眼眶，時間一分一秒過去，烘爐地遊客如織，大多數人都選擇漠視，也讓朋友們驚慌之餘感到心寒。

一對來自臺中從事消防產業工作的情侶走上前，看了看我的狀況，交代我朋友將我雙腳抬高，放在階梯上讓血液回流。過了好一會兒，我像是睡了一個沒有夢的覺，終於睜開眼睛，第一眼看到有好幾個人望著我。

「奇怪了，這個視角好奇怪。」我心想著，才發現自己躺在地上，朋友還持續握著我的手，他的溫度穩穩的傳遞過來，我發現自己全身都是汗，身體的不適消去大半，已有緩解。我趕緊跟那對情侶致謝，交代朋友請他們留下聯絡方式，我要寄我的書給他們，作為答謝。

我慢慢起身，餘悸猶存，緩緩步上階梯至南山土地公廟向土地公參香。「弟子陳毅，恭敬參見烘爐地南山土地公廟土地公，拍謝剛才在階梯上失去意識，真感謝眾神聖護持，才脫離險境。弟子誠心祈求一切順利、平安、身體健康……」

參拜後朋友小心翼翼護送我下山，回程路上朋友一句話也說不出口，知道他自責，我一直跟他說沒事，也試著開玩笑逗他開心，但他還是紅著眼眶，靜默無語，而我也知道自己僅是強顏歡笑，內心的恐懼遲遲沒有消失，更加慶幸有朋友陪伴。

朋友回彰化後還不忘發了一篇文：「當朋友在你面前經歷了死亡與重生，這就是一輩子的朋友……」我超想在底下留言說我也不願意啊……

這個夜晚使我再次明白生命的脆弱，是經不起一點摧折的。而朋友的陪伴跟守候，在此時更顯重要跟可貴，真正的朋友也是這樣，知道彼此並不完美，卻願意不離不棄的互相體諒跟接納。愈長愈大其實愈來愈孤獨，朋友雖然不多，卻總有幾位讓你覺得很深刻。而我們一定要先學會愛自己，才懂得愛別人。生命的死亡並不可怕，可怕的是活著的每一天是否過著他人期待的人生？如果知道活著如此不容易，意外這麼突然就會來臨，是不是應該調整我們的價值觀，過好每一天，而且是按照自己的意志過生活。死亡被許多人視為禁忌的話題，但不正是每一個人都要經歷的過程？也許剛開始錯愕、驚惶、恐懼、悲傷，到最後的釋然、看待、坦然，我們因為這些生命的課題，會變得更勇敢。

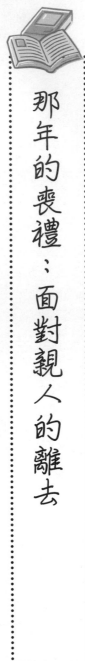

那年的喪禮：面對親人的離去

二〇一八年下半年我拍攝紀錄片《美鳳的日子》，重新回到外婆的故鄉——屏東縣車城鄉。拍攝過程中，九十四歲的外曾祖母過世，讓我頭一次體會親人過世的感覺。外曾祖母是外婆的媽媽，我是外曾孫了，隔了好幾代，其實不算特別近的關係，可是從小到大，幾乎每一年過年期間我們都會南下屏東，去探望外曾祖母，那時候吃著她準備的稀飯配車城的鹹蛋，或是到外曾祖母的佛堂禮敬觀世音菩薩，住在外曾祖母家那半夜會被落山風吹得砰砰作響的房子，外曾祖母虔誠信仰一貫道，書櫃裡擺著許多書籍，親切的形象、慈祥的面容，仍然深刻的留在腦海裡。

因為拍攝外婆的紀錄片，我特別陪同外婆南下，參加外曾祖母的喪禮。小時候經過路邊喪家，家人基於保護、避免沖煞到，總是會要我把眼睛閉上，在路上遇到喪家搭起的棚子，我也都會別開視線，長大後偶有捻香的場合我也幾乎能不去就不去。

外曾祖母的喪禮，是我成長到接近二十歲，頭一回參加的親人喪禮；過去曾有一位很不親的遠房長輩過世，有去燒個香，如今熟識的外曾祖母過世，家人開了好幾個小時的車抵達屏東。下車時我見到外曾祖母家門口已搭起藍色的棚子，裡頭是她的照片，慈眉善目，我拿起三炷香向她道別、道謝，此時我對喪禮並無恐懼。我們抵達屏東時已是出殯的前一天，靜靜坐在靈堂外頭，看著禮儀公司人員進進出出，靈堂的布置有大大的照片、很多輓聯、鮮花，空氣中瀰漫著花香與香的味道，我是唯一出席的曾孫輩，身上別著粉紅色的帶子，聽著出殯那天主持人的哀悼詞，我竟紅了眼眶。

親人的死亡，是每個人一生中一定得遇到的事，而喪禮那些儀式看似繁複，也許是要讓人藉由那些儀式忘卻悲傷。親人的離去不復返，往昔的記憶卻能長存。我是個對未來悲觀的人，未來不可預期、意外常常突然來臨，如今我在每個當下，珍惜與親友的相處，真的有那麼一天親人離我遠去，縱然難過，也會慶幸曾陪伴過彼此，然後好好的說再見。我認為親人過世後，要你完全抽離、忘卻悲傷是不可能的，只是你可以將這樣的不捨轉化情緒，漸漸的從悲傷化為想念，看看老照片、想想以前的相處，一定有許多有趣的事情，可以好好整理，甚至用書寫的形式保存，就像外曾祖母過世後，我如有機會到車城，我一定會繞到車城的靈骨塔去跟外曾祖母說幾句話，外曾祖母在現實生活裡確實是離我們遠去，但她的身影長存、精神永恆不滅。

突然到來的意外

那一天，我收到了一個消息，遠房親戚的小孩得了癌症，要緊急接受化療。財團法人癌症基金會去年公布了一個驚人數字，推估二〇二〇年一年被診斷為癌症的患者高達十一萬人。其中，罹癌者的年齡逐漸降低，許多年輕人罹癌，打亂了原先的生活步調，癌症連續二十八年蟬聯國人死亡原因之首，年輕就是本錢，已無法全然相信。

遠房親戚的小孩跟我年齡相仿，只大我兩歲，我都以表哥稱呼他，知道他罹癌，讓他的家人措手不及，也影響了我的心情。從那刻我才明白，許多意外的到來，沒有規律、沒有預警，甚至找不到原因，在短短的時間內你就得接受、面對。

起初表哥發現身體有腫塊，住進醫院，接受一連串的檢查，才發現是惡性腫瘤，他跟家人聽到消息時要求醫院再多做幾次檢查，當我們從電話中得知消息時，電話兩端所有人都掉了眼淚。表哥告訴我，他原先還有美好前程，但往後的一年他幾乎都必須住在病房，每隔幾天就得接受化療，而化療影響了他的胃口，在短短半年內，他瘦了二十公斤，頭髮也因為藥物的注射而掉光。當我終於抽出空去醫院探視他時，他看來憔悴，安安靜靜的在病床上休息，我聽著他微弱的呼吸聲，不忍吵醒他，就靜靜的聽著牆上時鐘滴滴答答的聲響。

後來有機會訪談表哥，他才告訴我他本來想當職業軍人，甚至有飛官的夢想，都因此打消念頭。經過數個月反覆化療，他幸運的挺過難關。他哽咽的提到那時候隔壁房住著一位癌友，跟他年紀差不多，他們常常互相打氣、鼓勵，不料當他出院時傳訊息給這位朋友，回訊息的卻是他的媽媽。原來朋友在前幾天過世了，這些日子累積下來的悲傷，讓他禁不住在醫院門口號啕大哭。

挺過癌症的難關，如今他的人生重新運轉，縱然有一絲滄桑，他述說生命的苦難跟成長，也讓他成為勇敢的鬥士。

人的生命非常脆弱，完全不堪摧折，一個不好的習慣累積起來便是可怕的後果或是風險，車禍、火災意外更是天天占據新聞版面，有時候平安太久我們還會在心裡憂慮，是不是快要發生事情了？我想，死亡並非最可怕的事情，可怕的是你沒有真正活過，既然意外常常突然發生，我們意識到，無常就是常，那就提前做好心理準備，快樂在每個當下。

真正活過，便無遺憾

大部分的人不去想像死亡，我倒是很大膽，在腦海裡想過幾回，如果我離開了這個世界，會是什麼樣子。以前我曾想過，如果離開了，誰會來我的喪禮？想看見某幾個人，卻又不希望他們為我哭泣。哪一天真的離開了，我會低調的沒入大地，自己為自己下雨，記得曾經來過這個有你的世界。

既有生便有死，人類的壽命有極限，意味著年限一到，終究得面對死亡的課題，能活多久，離開時的方式是否為善終，這都是我們在乎的事情，離開時肉體會腐朽，我們早已不在人世活動，那該留下什麼讓世界記得你曾經來過？每一回在學校上古文課，我都很訝異數千年前的東西竟然現在還在學，這意味著文學創作作品、電影的影像都能穿越古今，保留創作者的思想跟精神，這跟古人強調的三不朽（立德、立言、立功），不謀而合，人類的文化仍透過故事的述說、書寫被完整保留。

與其倉卒面對死亡，死亡後留下一堆疑問跟爛攤子，我常常認為應該提前預備後事。提前書寫遺囑。這並非詛咒自己，反而在書寫時留下自己的靈魂，能更了解自己為何執著、為何追求，每一天醒來都值得慶幸，意外卻常打亂我們的規畫，為了避免身旁的親友不了解自己想如何處理後事、手上的事務如何分配，提前書寫遺囑，自然免去猜疑。除了作品能保留思想，唯有愛能夠永恆保存，希望我們有愛、有思想、溫柔善待這個世界，希望在我們離開世界前，身旁的人已有智慧面對生死，每個人看待死亡的方式跟態度並不一，也沒有標準答案，希望未來不再難以啟齒，可以對話、討論，以自在的心態面對它，只要真正活過，不在乎長短，都無遺憾。

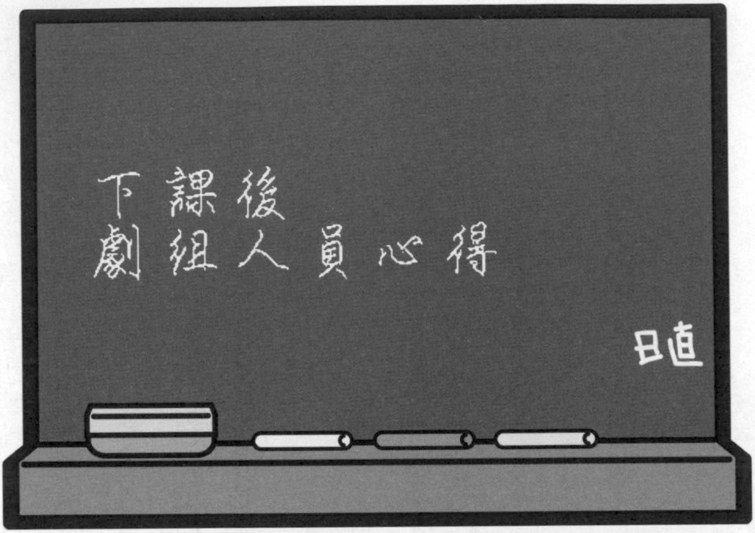
下課後
劇組人員心得
日直

執行製片／徐晸靖

依稀記得第一次看見陳毅這個名字是在高中的校刊上，標題寫著，陳毅特殊選才入選中央大學中文系，感覺是一位很厲害的人物，也剛好從內文看到導演的社團「臺灣文學及創作社」，我覺得很有興趣，便申請加入，但之後也沒有特別繼續關注下去。

二〇一九年五月二十八號那日放學，我匆忙的趕去臺北大學三峽校區，只是為了去聽一場很喜歡的作者演講，為了紀念，我特別發了一篇IG限時動態，沒過一會陳毅回覆我，他說之前他辦活動時有邀請過這位作者，我們便開始聊上了＊其實在這之前，他已經來過我們班上一次了，那時候他來的時候讓我滿驚訝的，想說他怎麼會來，後來才知道班上同學黃斌是他的拍攝對象，至此之後，我們約了一天吃飯，聊著聊著便加入《1819》這個劇組大團隊了。

製作中，印象深刻的當然也就是導演和被攝者的狀態，拍攝到了中後期，被攝者不知什麼原因常常躲避導演，陳毅常常跟我討論這件事，常常跟我說是不是他的問題，造成他們之間的信任危機，我便幫忙他注意被攝者在班上的狀態，可好像沒什麼太多的幫助，只能掌握一些班上的活動狀態讓導演來拍，試著讓他有機會跟被攝者聊聊，也請教官幫忙，可還是直到畢業之後，他們才說開。

很快的《1819》拍攝製作已經超過兩年，七百多的日子，我並非一開始就參與製作，雖然前面錯過了兩百多天，但後面的五百多天，從一開始的三個人，加上我四個人，後續的五個人再到現在十三個人，一點一滴的看這部片慢慢的從〇到1是非常困難的，製作雖然艱難，但也終將完成。可或許你會說記錄一位高中生又不能代表什麼，確實不能代表什麼，但我想或許一些大人們看完後會想起他們的十八歲，想起他們年少時的青澀、純真和那些糗事，這樣也就足夠了，你說是吧？

【導演的留言】

承靖加入劇組，是一個很特別的事情，他跟黃斌是同班同學，也小我好多歲，他過去沒有相關的經驗，在劇組的製片組從零開始學習起，年輕的承靖，並沒有被我們嚇跑，儘管業務量大、工作壓力大，他仍然在崗位上努力，為的是當初他對我的承諾：他想幫助我完成這部作品。我想每個人的生命裡偶有一回任性，每個劇組人員在我身旁或長或短，想獲取的東西亦不同，縱然有天離開了團隊，曾有一刻，紀錄片跟他的相遇、帶給他的勇氣跟學習，都會成為他生命裡的養分。

執行製片／呂亦揚

這次在紀錄片《1819》這個劇組當中，我是擔任執行製片的角色，同時身兼會計，製片主要工作的內容是監督、掌握各組的進度，而會計的工作內容則是每位劇組人員的薪水撥付，以及各筆帳目的統計。

在這次的劇組裡，即使身兼了兩個職位，卻感受不到自己身為劇組人員的初衷，或許是在接觸紀錄片的認知太過於少，初期很多東西都是從頭學習，也沒辦法給予導演以及其他劇組同仁們有建設的發想，更別說在碰上問題時幫他們解決；到了後期，開始要將整個劇組的作品行銷出去，時不時會有導演將此責任寄託與我的感受，或許是自己就讀廣告行銷，以及想彌補前期幫不上忙的愧疚，但仍然不敢跨出自己的設限，最後感覺還是沒有替整個劇組幫上忙。

自己了解一個團隊是彼此的付出，才會讓組織更加精進，時常自己的力不從心，都不斷讓我檢討，即使劇組是層層的在成長，但如果多了我當時的某個動作、某句話，或許劇組會走的更快或更好；這大概就是我在這次劇組學習到的事情吧，兩人三腳就是一種團隊精神的驗證，希望藉由自我的經歷，告訴大家該為了自己、為了大家勇敢，也趁這個機會向整個劇組人員說聲，大家辛苦了。

【導演的留言】

亦揚在截稿前傳了這封心得給我，原先他還在結尾處向劇組致歉，讓我很是錯愕。亦揚從二〇一七年就跟在我身旁，共同完成了許多事，也創立了毅然文創媒體工作室有限公司。愛之深，責之切，我對他的嚴格自然不在話下，亦揚的成長背景並非順遂，所以我常常告訴他，愈是艱困的環境，思維愈要不同。每個人的習慣早已在成長過程中養成，難以改變，還伴隨著許多耽溺跟脆弱，只有自己心裡最清楚。我常常感嘆他在我身旁三年以上，整個人的學習狀況跟能力卻提升的很有限，無法自救，如何有強大的肩膀讓他珍惜的人依靠？

從亦揚的文字中窺見這兩年紀錄片帶給他的精神早已潛移默化。創作者重要的是面對自己的脆弱，而非找一堆理由搪塞、欺瞞自己。身為執行製片，亦揚在這兩年從我企畫階段便跟在身旁，他相信陳毅能完成，自始自終他沒有因為忙碌就忘卻了他的職務，時時刻刻反省自己做的是否不夠好，將這樣的反省化為自責，梗塞在心，無法喘息。其實差異在於，紀錄片拍攝製作對我而言是一個好玩、自在的過程，既為自己的興趣，就不會被我視為責任而有過多的負擔；劇組人員處在團隊裡，把紀錄片拍攝製作只視為責任，就像是交功課一樣，是有些汙染紀錄片的，這樣難以窺見紀錄片不論在困難、順遂的時刻其實都有特別的美感。我想每個人的步調不同，透過文字的書寫能自省、辯證，終究是讓自己成長的一個契機。

製片助理／黃郁絜

初見陳毅的時候，我有些不懂，怎麼他小小年紀就戴著這麼沉重的面具。多聊了幾次才真的明白，在他的每一個計畫、每一個目標、每一句話所承載的是夢想的重量，多少人在這個年紀，在茫茫人海之中，還在汲汲營營追求世俗的眼光，對自己所求都還有些模糊……但他很清楚他要的是什麼。

儘管他的笑容在我看來有些滄桑，但正式加入這個劇組，看到了台積電投稿的版本之後……

我懂了。

他有的是藝術家的靈魂，當作家的時候、當導演的時候，需要不斷回憶那些也許在過去當中很深刻甚至痛苦的回憶，但他想透過這些，黃斌的角度、或是他自身的故事來影響更多人，這是我看到的他、在《1819》的他的理想，我真心感謝，深受之中感動、深受我們這群年輕人為此而努力感動。

我要向陳毅致敬，也致敬所有劇組夥伴。

【導演的留言】

郁絜是我在中央大學的學姊，能力很好，雖然是後製階段才進入劇組幫忙，但其工作效率，一直很受劇組信賴。看了她的心得後我才發現我在許多人眼裡，真的是帶有一絲滄桑，這我也清楚，沒有想要去改變過什麼，那便繼續述說生命的苦難，成為勇敢的鬥士，謝謝郁絜理解。

製片助理／鍾沛儒

我跟陳毅導演是在一個非常奇妙的活動上認識的——桃園龍德宮庚子年的祈安遶境，我跟我哥是負責遶境活動的空拍、協助直播，陳毅他當時則是幫忙直播，也在桃園龍德宮最有代表性的陣頭「金龍陣」裡舞龍，所以我們就是在一個非常奇妙的活動上認識的。

後續才得知他目前在拍一部紀錄片，邀請我跟我哥加入拍攝行列。對於影視類的環境並不陌生，我本身過去也常在劇組協助造型設計，對環境不陌生，陳毅導演邀請我加入劇組團隊去幫忙，做劇組製片助理，開啟我另一個階段的學習。

我的年紀比劇組所有人還要大好幾歲，我每次都跟陳毅導演說：「你真的是一個不簡單的年輕人，年紀輕輕就做大事業。」也謝謝陳毅導演讓我學習，人與人之間不是互相比較，而是互相學習。

我在劇組中除了當製片助理，也是劇組的形象顧問，為什麼多一個形象顧問呢？因為陳毅導演還是一個小朋友，有時候重要場合穿過於休閒，於是我本人看不下去，說我來擔任你們的形象顧問好了，有重要場合的時候，會教他們怎麼搭配。

說真的跟著《1819》短短的時間來，中間其實有很多好玩好笑的事情但無法一一道來，跟著一群比自己年輕的小朋友們在一起工作還滿開心好玩的，也常常感到欣慰，陳毅導演才二十出頭歲就找到自己人生的目標，現在這個社會上不管年輕還是老的，天天都在做白日夢。陳毅導演真的不簡單，我相信《1819》劇組堅持到底，一定會成功，畢竟臺語俗諺有一句名言：「戲棚跤徛久就是你的。」

【導演的留言】

沛儒是我在桃園龍德宮遶境時認識的朋友，平日自己開店做造型設計、新娘祕書。很多人都是如此，認識起初不會知道未來有機會在一個團隊工作。較為熟識後，有些劇組重要的行程，我便會請沛儒載我前往，藉此也讓他看到不一樣的世界。經過這些日子，沛儒常常告訴我說他覺得我很不簡單，小小年紀就有這麼多想法跟行動，他們敬我一聲陳導，從來沒因為我的年紀就看輕我。

一件有趣的事情，沛儒跟哥哥沛勳居住在桃園市區，他媽媽跟知名的綜藝教母張小燕同名同姓，是藏身巷弄的大廚，我只要有空便會到他們家討論事情，都能吃到她準備的滷豬腳、豆乾，非常好吃。後來他們也把我當成自己人。那樣人跟人之間最純粹的信任與相遇，是我拍紀錄片後最最珍惜的。

剪輯師／王治德

我和陳毅是在紀錄片工作坊認識的，雖然說我們是同學，但又剛好是班上最老和最小的存在，某次下課的時候我們剛好搭同班公車到中壢車站，陳毅好奇問我的年齡，我據實以答，他的反應是：「靠，你才小我爸兩歲！」顯然的，我們是兩個不同的世代存在。

身為末代聯考生的我，回憶起高中生涯只有無止盡的讀書考試和體罰，對未來毫無想像，相較之下，陳毅高中時就在文學領域嶄露頭角，剛上大學又跨足影像拍紀錄片，我本來以為這是時代進步的理所當然，但當他跟我提到《1819》的拍攝計畫和關於他在求學過程中對教育的質疑，很難相信距離我離開校園近二十年後的學子們竟仍然被同樣問題困擾著，這些年我們教改到底改了什麼？我帶著這樣的疑問開始《1819》的剪接工作，期待透過陳毅的鏡頭找到些許線索。

我發現當前關於教育議題已有各種形式的討論，但論述多半是從專家學者角度出發的分析和檢討，在《1819》中則有少見的學生視角，平等而且不擺姿態，他時而坐在教室裡安靜觀察著，有時又像是其中一分子與拍攝對象黃斌零距離的互動，青澀的鏡頭中不見洗練的攝影技術支撐，只有同儕之間真誠的相處。

在整理一堆枯燥乏味的讀書考試素材過程中，我發現陳毅不時會捕捉到只存在同學之間微妙的惡趣味，就像是難得的亮點，一閃而過，但會讓這群像機械般重複讀書考試的高中生看起來像正常人一樣有血有肉，我覺得《1819》不僅是黃斌「轉大人」的過程，也像是陳毅回首找尋自我的旅途，更像是許多人曾經的青春印記，我衷心希望臺灣未來的學校教育能幫助人們認識自己，鼓勵大家勇於追逐夢想，真正活出自己想要的人生。

【導演的留言】

我跟治德真的是奇怪組合，以前在桃園城市紀錄片培訓班時，他最老、我最年輕，真的沒想過有一天能在紀錄片作品裡合作。這一回紀錄片《1819》投入了經費，我經過深聊，拜託治德一定要協助這部片的剪輯，他基於對教育的關心（他的女兒也還小），他不嫌棄我給他的經費不高，除了擔任剪輯師外，也常常跟我思考這部片的核心，我認為創作者之間的對話是重要的，能幫助我們擺脫一些耽溺。

身為一部紀錄片的剪輯師很辛苦，還面對了一個菜鳥導演，更多的也是陪伴我的角色。寫書的時候正好是最後剪輯階段，偶爾會為他的剪輯進度擔憂，卻全然信任他，也期待這部片正式完成的那刻。

視覺設計／蘇冠銘

像紀錄片這樣的影像敘事手法，說故事的人除了鏡頭前的被攝者以外，導演本身的故事也被照映在之中。也許外界看到的陳毅是導演、攝影、製片這樣的角色，但他為何選擇這樣的題材、內容、主角，其實都是真切的、細膩的在反映他的過去和現在的自己，他與自己對話的過程。

這部紀錄片會帶我們找到過去的自己，也許去認同過去的自己，也許是原諒一些事情，它沒辦法讓我們回到過去，但它也許能讓我們找到自己故事的起點。

我跟陳毅認識的時間也不算短，但當中也有好幾年失去聯絡，再見到面的時候已經是六年後了，當初得知他在拍紀錄片的時候，簡直難以想像，拍片資源該從哪來？劇組人員該怎麼找？學業如何兼顧？即便看似困難重重，但陳毅對於自己追尋的一切依舊堅持，即使他與自己內心有所糾結，即使面對外界的質疑，在前進理想的道路上仍然勇敢與努力。

【導演的留言】

設計這個導演的留言，主要是怕劇組人員寫太少，我能幫他們填充字數。冠銘寫得很客氣，我跟他從國小三年級認識至今已逾十年，國小同學能變成員工？真的是人生無法預見的驚喜。看到這邊，謝謝劇組夥伴們的努力，更多的是對一個瘋子導演任何決策，他們都全然信任、投入心力來相助，陳毅啊，你是幸運的。

製作顧問／賴振民

第一次認識陳毅，是我們共同獲選第二屆桃園市政府青年諮詢委員會委員，當時他剛滿十八歲，以特殊選才考上國立中央大學中國文學系，一位桃園市政府青年事務局的長官介紹我們認識，陳毅那時還是南崁高中的學生，身上穿著印有名字的背心，給我感覺就像是個競選的政治人物助理。

後來，我們因開會而更加熟絡，有次他告訴我有拍紀錄片的構想，恰巧我所帶的中央大學 idea NCU 學生社群團隊曾兩次參加過台積電青年築夢計畫成功獲選，因此建議他可以參加這計畫，或許能有機會獲得獎金讓紀錄片的拍攝經費可以更充裕，期間我則提供他一些建議、經驗分析，很高興他順利獲選，並獲得六十萬元的計畫補助，也很榮幸受邀擔任紀錄片《1819》的製作顧問。

有次，他又告訴我紀錄片的經費可能不足，想要以線上募資方式增加經費，讓我很佩服他的勇氣、毅力和抗壓性，對於一個大學三年級的學生來說這是一個很大很大的挑戰，我則默默幫忙線上分享宣傳和拉募資贊助，靠著許多貴人的幫忙，最後他成功達標募資到 518061 元。

看到陳毅導演認真努力的這段過程，從十八歲到二十一歲的蛻變，也讓我思考我們的教育就是要培養學生這樣的精神，我總認為成果是其次但是面對困難的勇氣和毅力才是最重要的，也推薦陳毅的紀錄片作品《1819》，讓你我一起回憶也關心這一個時期的青年。

【導演的留言】

劇組除了各個組別人員外，後來也聘請幾位專家擔任製作顧問，賴振民老師也是其一，他原先是中央大學的兼任講師，與我意氣相投，聊了幾回，也給我不少寶貴的建議，如今他回到故鄉屏東去打拚，讓我好生羨慕。不過顧問，我想也想不起來，我什麼時候穿了有名字的背心？

南高運動會預演

南投高中運動會

南投高中運動會

學測誓師大會

留校察看　劇照

大魯閣打棒球

畢旅，遊覽車上

畢旅，黃斌班上合影

苦悶的高中校園現場

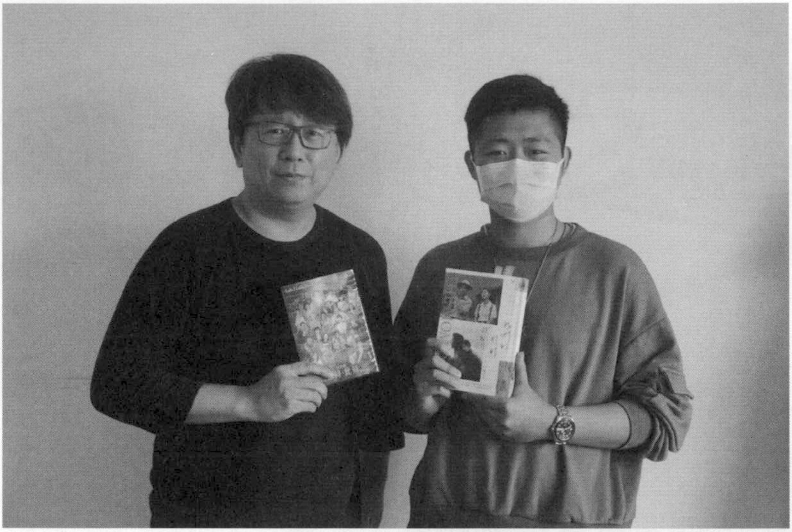

拜會楊力州導演

我眼中的高中生日常

舜霖家工廠，騎打檔車

青春的微笑，成為我們的動力

攝影機蹲點拍攝

拍攝中，常到被攝者家一起用

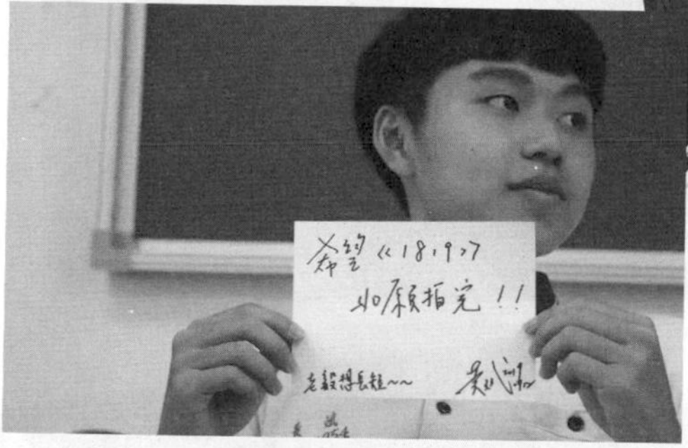

「希望《1819》如願拍完」黃斌

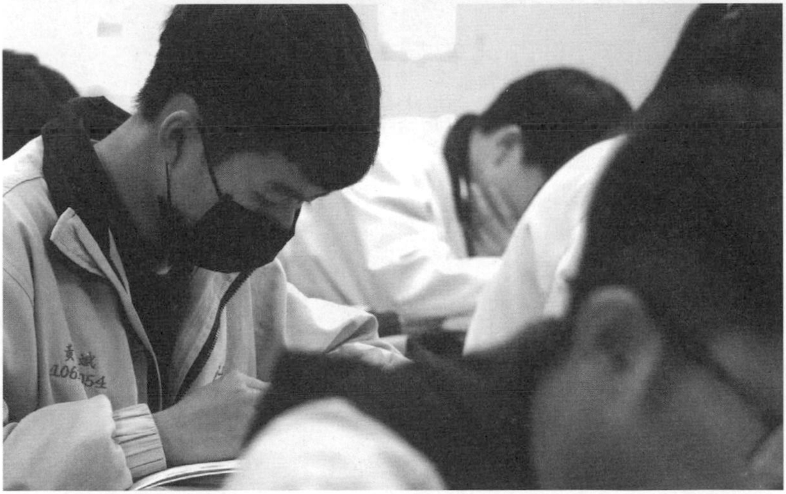

學測倒數 1 天

畢業典禮，與被攝者合影

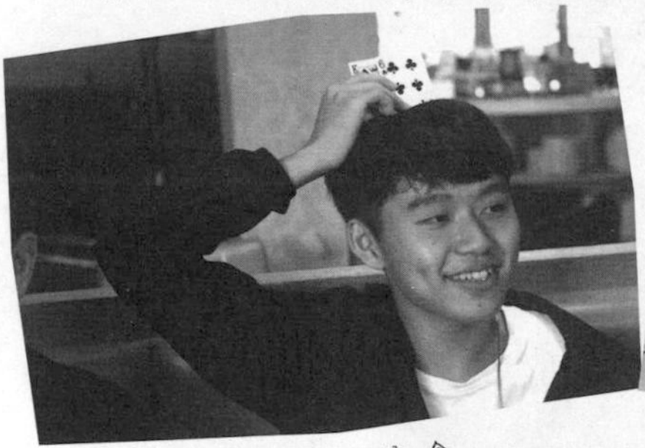

黃斌升大學新生茶會

台積電青年築夢計畫

與黃斌一起觀看王建民紀錄片

黃斌在社區讀書（模擬考前）

募資祈福「龍德宮」

募資啟動記者會（2020.9.27）

台積電1-3分鐘影片試片，導演陳毅（右）、助理柏崴（左）

台積版放映會，國巨洋傘李銘智董事長（左一）亦出席

劇組試片會議

人文社會科學工作坊演講（新竹）

募資啟動記者會（2020.9.27）

彰化崇實高工演講

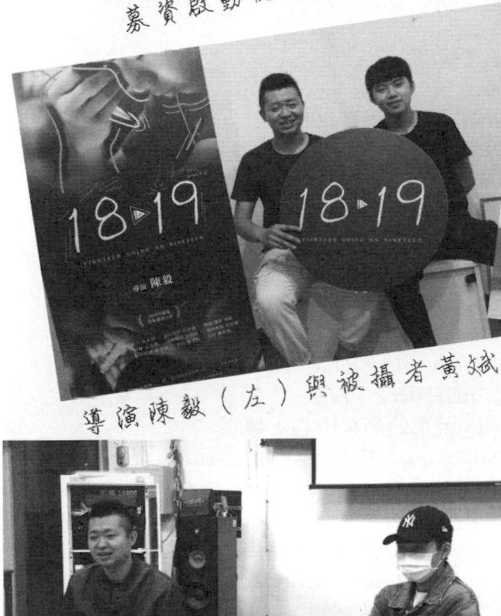

導演陳毅（左）與被攝者黃斌（右）

台積版放映會映後座談

台積版放映會，導演、被攝者出席

劇組製片會議

在長大之前，
紀錄片1819拍攝紀實

作　　者／陳 毅
美術編輯／方麗卿
企畫選書人／賈俊國

總 編 輯／賈俊國
副總編輯／蘇士尹
編　　輯／高懿萩
行銷企畫／張莉滎・蕭羽猜・黃欣

發 行 人／何飛鵬
法律顧問／元禾法律事務所王子文律師
出　　版／布克文化出版事業部
台北市中山區民生東路二段 141 號 8 樓
電話：(02)2500-7008　傳真：(02)2502-7676
Email：sbooker.service@cite.com.tw
發　　行／英屬蓋曼群島商家庭傳媒股份有限公司城邦分公司
台北市中山區民生東路二段 141 號 2 樓
書虫客服服務專線：(02)2500-7718；2500-7719
24 小時傳真專線：(02)2500-1990；2500-1991
劃撥帳號：19863813；戶名：書虫股份有限公司
讀者服務信箱：service@readingclub.com.tw
香港發行所／城邦（香港）出版集團有限公司
香港灣仔駱克道 193 號東超商業中心 1 樓
電話：+852-2508-6231　　傳真：+852-2578-9337
Email：hkcite@biznetvigator.com
馬新發行所／城邦（馬新）出版集團 Cité (M) Sdn. Bhd.
41, Jalan Radin Anum, Bandar Baru Sri Petaling,
57000 Kuala Lumpur, Malaysia
電話：+603- 9057-8822　　傳真：+603- 9057-6622
Email：cite@cite.com.my
印　　刷／韋懋實業有限公司
ISBN：978-986-5568-77-1
EISBN：9789865568801 （epub）
初　　版／ 2021 年 5 月
定　　價／ 380 元

城邦讀書花園 www.cite.com.tw 布克文化